Andreas Hausotter

Moralisch-ethische Konflikte – die Antworten der Weltreligionen

Materialien zu den Positionen von Christen, Juden und Muslimen

Auer Verlag

Gedruckt auf umweltbewusst gefertigtem, chlorfrei gebleichtem
und alterungsbeständigem Papier.

2. Auflage 2014
Nach den seit 2006 amtlich gültigen Regelungen der Rechtschreibung

Satz: krauß-verlagsservice, Augsburg
Druck und Bindung: Kessler Druck + Medien GmbH, Bobingen
ISBN 978-3-403-**06733**-7

www.auer-verlag.de

Vorwort

Liebe Kolleginnen und Kollegen,

was die katholische oder protestantische Kirche zu verschiedenen ethischen Problemen meint, ist oft recht schnell zu erfahren. Wie sieht es hierbei aber in anderen Religionen aus?
Das vorliegende Arbeitsheft bietet Ihnen für Ihre Arbeit im Unterricht Materialien, die sich mit **gesellschaftlichen Fragen** und ihrer **Beurteilung durch die Christen, Juden und Muslime** befassen. In jeder dieser Religionen gibt es zu den meisten Themen offizielle Verlautbarungen, welche den Gläubigen eine hilfreiche Orientierungsmöglichkeit bieten sollen.
Im vorliegenden Arbeitsheft werden **sieben verschiedene Themen** betrachtet. Sie finden zunächst eine kurze Einführung ins Thema mit allgemeinen Hinweisen. Oft wird auch eine Kopiervorlage für eine Folie angeboten, welche den Themenzugang im Unterricht erleichtern soll. Anschließend folgen ausgewählte Texte der katholischen Kirche, der protestantischen Kirche, des Judentums und des Islam. Unter den jeweiligen Texten finden Sie Fragestellungen, die von den Schülern[1] im Unterricht bearbeitet werden können. Die Antworten bei diesen ethisch oft problematischen Themen können – je nach Klassensituation und Biografie der Schüler – sehr verschieden ausfallen, ich habe aber versucht, zumindest Denkanstöße und mögliche Antworten im Lösungsteil anzubieten.
Neben Aufgaben, Texte zusammenzufassen und Positionen zu verdeutlichen, finden Sie auch Aufträge, kurze Texte in Form von Briefen, Zeitungsartikeln u. Ä. zu verfassen. Hierbei kann es natürlich keine Musterlösung geben. Vielmehr sollen die Schüler motiviert werden, das eben Durchgenommene in einem konkreten Fall anzuwenden und zu einem bestimmten Zweck zu formulieren.

Zu den verschiedenen Dokumenten ist noch anzumerken:
Die Verlautbarungen der **katholischen Kirche** sind in der Regel zurückzuführen auf vom Vatikan veröffentlichte Dokumente. Diese sind meist auf der Website des Vatikans zu finden (www.vatican.va).
Bei der **protestantischen Kirche** habe ich mich an Veröffentlichungen der evangelischen Kirche in Deutschland orientiert, auch hier gibt es einen informativen Internetauftritt unter www.ekd.de.
Auf jüdischer Seite war es schwieriger, offizielle Dokumente oder andere brauchbare Texte zu finden. Eine gute Anlaufstelle ist aber im Regelfall der **Zentralrat der Juden** in Deutschland. Vom Zentralrat wurde mir folgende Website als Informationsmöglichkeit genannt:
http://www.jewishvirtuallibrary.org/jsource/index.html
Der **Zentralrat der Muslime** in Deutschland bildet nach eigenen Angaben die gesamte Vielfalt der Muslime in Deutschland ab. So schien mir diese Institution eine gute Anlaufstelle zu sein, um Informationen zu ethisch problematischen Gesellschaftsfragen zu erhalten. Nützliche und interessante Hinweise erhält man unter www.islam.de

Zu guter Letzt sei noch darauf hingewiesen, dass sich die Lehrmeinungen bei Moslems und Juden nicht vollkommen einheitlich darstellen lassen, da die Meinungen auf Interpretationen der Schriften beruhen und es oft verschiedene Interpretationen gibt. Im letzten Teil des Arbeitsheftes wird auf die Quelle des jeweiligen Arbeitsblattes hingewiesen, sodass hieraus entnommen werden kann, welcher Interpretation ich folge.

Ich wünsche viel Spaß beim Arbeiten und bei den sich anschließenden Diskussionen mit Ihren Schülern!

Andreas Hausotter

[1] Aufgrund der besseren Lesbarkeit ist in diesem Buch mit Schüler auch immer Schülerin gemeint, ebenso verhält es sich mit Lehrer und Lehrerin etc.

1. Empfängnisverhütung

a. Zum Thema

Das Thema Sexualität gewinnt mit Beginn der Pubertät an immer größerer Bedeutung. Statistisch gesehen haben die Mädchen und Jungen in immer früherem Alter Geschlechtsverkehr, sodass dieses Thema zunehmend brisanter wird.
Wenn man sich mit Sexualität beschäftigt, rückt das Thema Verhütung in den Brennpunkt des Interesses. (Oder zumindest sollte es das.)
Die verschiedenen Religionen befassen sich in ihren Lehren und Verlautbarungen ebenfalls mit diesem heiklen Thema und haben dazu ganz verschiedene Positionen. Diese Einstellungen sind bestimmt durch das Verhältnis der jeweiligen Religion zur Sexualität an sich. So verwundert es nicht, dass sich die Meinungen oft sehr konträr gegenüberstehen.
Im Folgenden sind die Positionen der katholischen und protestantischen Kirche sowie des Islam vertreten. Im Judentum spielt das Thema keine nennenswerte Rolle, sodass diese Religion hier nicht erwähnt wird.

b. Das Material

Die Texte können einzeln verwendet werden, die passenden Arbeitsaufträge finden sich auf den jeweiligen Seiten. Da die Materialien wohl mehrheitlich einzeln verwendet werden, sind einige Arbeitsaufträge doppelt.
Um einen Vergleich zwischen den jeweiligen Positionen ziehen zu können, bietet es sich auch an, die Texte parallel im Unterricht zu lesen (z. B. in einer Stationsarbeit).
Passend dazu findet sich auch eine Kopiervorlage für eine Tabelle zum Vergleichen.

c. Lösungsvorschläge und Erklärungen

Vorbemerkung: Auf manchen Arbeitsblättern sind identische Fragen und Arbeitsaufträge zu finden. Diese kann man entfernen, wenn mehrere Arbeitsblätter aus diesem Kapitel verwendet werden. Der Einfachheit halber sind aber zu allen Arbeitsblättern einzeln die vollständigen Lösungs- und Bearbeitungsvorschläge aufgeführt.

Welche Verhütungsmethode erkennst du? (Folie) (S. 9)

Auf der Folie sind zu sehen:

- Oben links: Thermometer zum Messen der Körpertemperatur. Anhand der Körpertemperatur kann abgeleitet werden, in welcher Phase des Zyklus sich die Frau befindet (Eisprung) und ob die Frau an diesem Tag somit schwanger werden kann oder nicht.
- Oben rechts: Kondom. Dieses wird über den Penis gestülpt, wodurch ein Eindringen von Sperma in die Scheide verhindert wird.
- Mitte links: „Pille“. Verhindert durch Hormone, dass die Frau schwanger werden kann. Dazu muss täglich zur selben Uhrzeit je eine Pille eingenommen werden.
- Unten rechts: Femidom. Funktioniert nach demselben Prinzip wie das Kondom, allerdings wird es in der Scheide platziert.

Allgemeine Informationen (S. 10)

1. Es gibt Verhütungsmethoden, die von der Frau oder eben vom Mann angewendet werden. Hier dargestellt sind mehrheitlich von der Frau anzuwendende Methoden. Eine Methode, nämlich die Sterilisation, greift langfristig in das Leben von Mann und Frau ein und ist mit großem Aufwand, einer Operation, verbunden.

Die Sicherheit der Verhütungsmethoden variiert stark. Am sichersten ist das Hormonstäbchen, da hier nicht einmal jede 1000. Frau schwanger wird. Weiterhin sind als gut zu bezeichnen die Antibabypille, die Sterilisation und die Temperaturmessung. Alle anderen Methoden sind mit min. 1 % Risiko schon als riskant einzustufen. Am gefährlichsten sind sowohl der Coitus interruptus als auch das Diaphragma. Auf diese Verhütungsmethoden ist also kein Verlass.
Weiterhin kann festgestellt werden, dass – obwohl natürlich beide Sexualpartner für die Verhütung verantwortlich sind – die Frau eine breitere Auswahl an Möglichkeiten zur Verhütung hat. Aber kaum eine Methode kann angewandt werden, wenn es zu überraschendem Geschlechtsverkehr kommt. Hier sind nur das Femidom oder das Kondom brauchbar.

2. (Auswahl)
   - Femidom: Funktioniert wie das Kondom, die Latexhülle wird allerdings von der Frau in der Scheide platziert.
   - Portiokappe: Verschluss des Gebärmutterhalses mit einer Kappe aus Latex oder Silikon.
   - LEA contraceptivum: Saugkappe, die sich auf dem Muttermund festsaugt und kein Sperma vorbeilässt.
   - Minipille: Veränderung des Zervikalschleims, sodass die Wanderung der Spermien in die Gebärmutter erschwert, im Idealfalle verhindert wird.
   - Vaginalring: Dieser enthält Hormone, die den Eisprung verhindern.
   - Hormonpflaster: Enthält dieselben Hormone wie die Pille, diese werden über die Haut aufgenommen.
   - Pille danach: Wird nur in dem Falle verabreicht, wenn andere Verhütungsmethoden versagt haben oder wenn der Geschlechtsverkehr gegen den Willen der Frau durchgeführt wurde und eine daraus resultierende Schwangerschaft verhindert werden soll. Die in diesem Medikament enthaltenen Hormone verhindern in erster Linie den Eisprung. Allerdings stört diese Pille den kompletten Menstruationszyklus. Deshalb ist sie nicht frei erhältlich.
   - Spermizide: Salben/Gele/Zäpfchen oder Ähnliches, die in die Scheide eingeführt werden und eingedrungene Spermien abtöten.

Die Position der katholischen Kirche (S. 11)

1. Hier kann frei diskutiert werden. Im Idealfall liegt die Verantwortung natürlich bei beiden Geschlechtspartnern, wobei nur die Frau schwanger werden kann, aber beide können sich mit Krankheiten infizieren.
2. Auch hier sind verschiedene Argumentationsstränge denkbar.
3. Denkbar wäre Geschlechtsverkehr mit einer bis dato unbekannten Person (z. B. nach einer Party), der aus der Situation heraus entsteht; ebenso in der Lebensphase, in der man alt genug für Geschlechtsverkehr ist, aber noch nicht reif für eine eigene Familie. Weitere Situationen sind gut vorstellbar.
4. Der Mensch muss sich an die von Gott gesetzte Ordnung halten. Es gibt Zeiten im Monatszyklus der Frau, in denen eine Empfängnis nicht möglich ist. Es ist erlaubt, den Geschlechtsverkehr auf diese Zeiten zu begrenzen, um das Zeugen von Kindern zu verhindern. Allerdings ist es nicht erlaubt, direkt empfängnisverhütende Mittel einzusetzen, egal aus welchem Grund. Denn im ersten Fall halten sich die Eheleute an die von der Natur vorgegebenen Gesetzmäßigkeiten, im zweiten Fall aber greifen sie in natürliche Abläufe ein.
   Die dargestellte Position soll nun mit der eigenen Position der Schüler verglichen werden. Es ist zu erwarten, dass die beiden Positionen nicht übereinstimmen.
5. Hier sollen die Schüler ihre eingenommene Position noch einmal in einem Text darstellen und zielgerichtet formulieren. Es sollte dabei sowohl auf den begründeten eigenen Standpunkt ankommen wie auch auf eine überzeugende Formulierung.

Die Position der protestantischen Kirche (S. 12)

1. Hier kann frei diskutiert werden. Im Idealfall liegt die Verantwortung natürlich bei beiden Geschlechtspartnern, wobei nur die Frau schwanger werden kann, aber beide können sich mit Krankheiten infizieren.
2. Auch hier sind verschiedene Argumentationsstränge denkbar.
3. Denkbar wäre Geschlechtsverkehr mit einer bis dato unbekannten Person (z.B. nach einer Party), der aus der Situation heraus entsteht; ebenso in der Lebensphase, in der man alt genug für Geschlechtsverkehr ist, aber noch nicht reif für eine eigene Familie. Weitere Situationen sind gut vorstellbar.
4. Jeder Christ ist eigenverantwortlich für Empfängnisverhütung. Sexualität dient nicht nur der Fortpflanzung, sondern auch dem Ausdruck gegenseitiger Liebe. Deshalb darf künstliche Empfängnisverhütung ausdrücklich verwendet werden.
   Die von Gott gegebene Zeugungsfähigkeit darf von Mann und Frau eigenständig verwaltet werden. Denn bei jedem Geschlechtsakt tragen die beiden Partner Verantwortung für möglicherweise entstehendes Leben.
   Allerdings muss Verhütung in einer Beziehung abgesprochen werden und es muss sich darauf verständigt werden, ob Verhütung stattfindet und, wenn ja, in welcher Weise.
   Verhütung gilt auch als Schutz gerade für die Frau, um sie vor möglichen Konfliktschwangerschaften zu bewahren.
   Die dargestellte Position soll nun mit der eigenen Position der Schüler verglichen werden. Es ist zu erwarten, dass eher Zustimmung als Ablehnung anzutreffen ist.
5. Hier sollen die Schüler ihre eingenommene Position noch einmal in einem Text darstellen und zielgerichtet formulieren. Es sollte dabei sowohl auf den begründeten eigenen Standpunkt ankommen wie auch auf eine überzeugende Formulierung.

Die Position des Islam (S. 13)

1. Hier kann frei diskutiert werden. Im Idealfall liegt die Verantwortung natürlich bei beiden Geschlechtspartnern, wobei nur die Frau schwanger werden kann, aber beide können sich mit Krankheiten infizieren.
2. Auch hier sind verschiedene Argumentationsstränge denkbar.
3. Denkbar wäre Geschlechtsverkehr mit einer bis dato unbekannten Person (z.B. nach einer Party), der aus der Situation heraus entsteht; ebenso in der Lebensphase, in der man alt genug für Geschlechtsverkehr ist, aber noch nicht reif für eine eigene Familie. Weitere Situationen sind gut vorstellbar.
4. Empfängnisverhütung ist für den Islam kein problematisches Thema, die Entscheidung darüber, zu verhüten oder nicht, obliegt den Paaren selbst. Lediglich gegen Verhütungsmethoden, die sich schädlich auf die Gesundheit auswirken, spricht man sich im Islam aus. Dazu könnte man die Vasektomie oder Sterilisation zählen, da es sich hierbei um einen starken Eingriff in den Körper handelt und es keine absolut sichere Möglichkeit gibt, diese Behandlung rückgängig zu machen.
   Die dargestellte Position soll nun mit der eigenen Position der Schüler verglichen werden. Es ist hierbei zu erwarten, dass keine breite Ablehnung auftritt. Allerdings darf man sich wundern, dass in religiösen Texten eine besondere Art der Empfängnisverhütung (coitus interruptus) erwähnt wird.

Ist Empfängnisverhütung erlaubt? – ein Vergleich der Positionen (S. 14)

	Kath. Kirche	Prot. Kirche	Islam
Ist Empfängnisverhütung generell verboten?	Nein	Nein	Nein
Welche Verhütungsmethode ist erlaubt?	Nur natürliche Methoden (z. B. Temperaturmessen etc.), keinerlei künstliche Methoden	Jedwede Methode, auf die man sich einigt.	Alle Methoden außer einem dauerhaften Eingriff in den menschlichen Körper
Wie wird der eigene Standpunkt begründet?	Die Möglichkeit zur Fortpflanzung ist gottgegeben, hier darf der Mensch nicht mit künstlichen Mitteln eingreifen.	Sexualität dient nicht nur der Fortpflanzung, sondern auch der Bezeugung gegenseitiger Liebe. Dabei soll man verantwortungsvoll mit möglicherweise entstehendem Leben umgehen.	Mann und Frau dürfen selbst entscheiden, ob und wie sie verhüten. Der Prophet hat kein Verbot erteilt.
Ich halte diese Position für (nicht) modern (kurze Begründung!).	(Hier ist für die begründete Meinung des Schülers Platz.)	(Hier ist für die begründete Meinung des Schülers Platz.)	(Hier ist für die begründete Meinung des Schülers Platz.)

Welche Verhütungsmethode erkennst du?

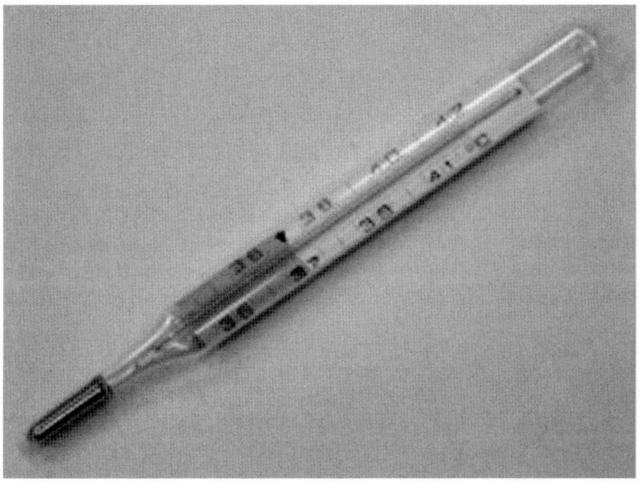

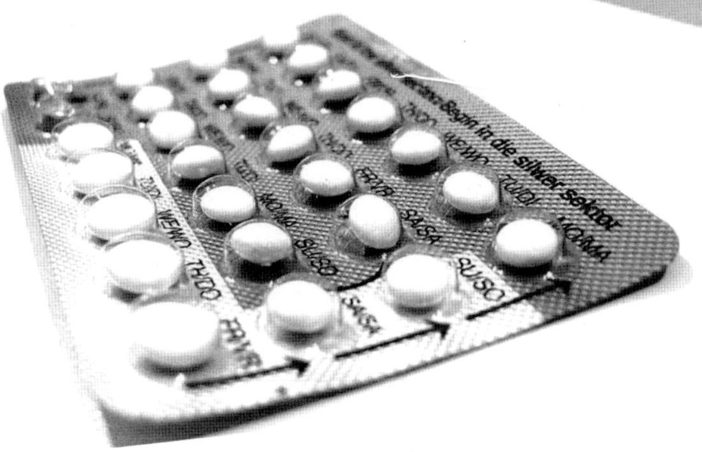

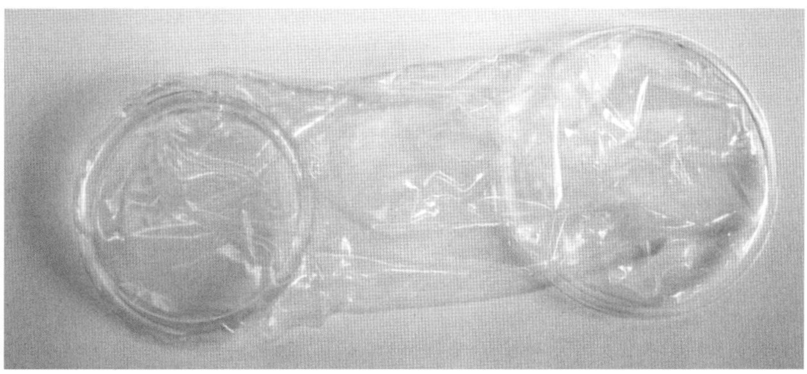

Allgemeine Informationen

Unter dem Begriff „Empfängnisverhütung“ versteht man Methoden, um die Wahrscheinlichkeit einer Schwangerschaft zu verringern. Der Geschlechtsverkehr zwischen Mann und Frau soll ermöglicht werden, ohne dass dabei ein Kind gezeugt wird.
Es gibt zahlreiche verschiedene Verhütungsmittel, deren Sicherheitsfaktor sehr stark differiert. Gemessen wird die Zuverlässigkeit am sogenannten „Pearl-Index“ (PI). Dieser gibt an, wie viele von 100 Frauen, die diese Verhütungsmethode ein Jahr lang angewandt haben, dennoch schwanger geworden sind. Folglich gilt: Je niedriger der Pearl-Index, umso zuverlässiger die Verhütungsmethode.
Im Folgenden sollen einige Methoden exemplarisch dargestellt werden:

❶ Verhütungsmethoden, durch den Mann anzuwenden
Die Zahl der Verhütungsmittel, welche der Mann anwenden kann, ist sehr überschaubar.
Das Kondom
Eine Hülle aus Latex, die über den Penis gerollt wird, verhindert das Eindringen der Spermien in den Körper der Frau. Ei- und Samenzelle können folglich nicht verschmelzen. Obwohl sich diese Methode simpel anhört, beträgt der PI 2–12.
Coitus interruptus
Der Samenerguss des Mannes findet außerhalb der Scheide statt. PI 4–18.

❷ Verhütungsmethoden, durch die Frau anzuwenden
Die Antibabypille
Die „Pille“ enthält verschiedene Hormone, die den Eisprung verhindern sollen. PI 0,1–0,9.
Verhütungsstäbchen
Hormonimplantat, soll verhindern, dass Sperma in den Muttermund gelangt. PI 0–0,08.
Diaphragma
Mechanische Barriere im Scheidegewölbe, oft in Kombination mit Spermizid (chem. Spermien-Töter). PI 1–20.
Natürliche Methoden
Da Frauen nur an bestimmten Tagen ihres Monatszyklus’ fruchtbar sind, wird anhand bestimmter Methoden (z. B. Temperaturmessung, PI 0,7–3, Hormonmessung, PI 5–6, Knaus-Ogino Geburtenkontrollkette, PI 9–40) ausgerechnet bzw. überprüft, ob dies am entsprechenden Tag der Fall ist. An Tagen der Fruchtbarkeit muss das Paar enthaltsam leben, Geschlechtsverkehr ist dementsprechend nur an den unfruchtbaren Tagen möglich.

❸ Verhütungsmethode für Mann und Frau
Die Sterilisation
Chirurgisch wird der Samenleiter des Mannes durchtrennt. Es befinden sich keine Samenzellen mehr im Sperma. Bei jedem 400. Mann versagt dieser Eingriff, sodass er fruchtbar bleibt. Mit achtzigprozentigem Erfolg lässt sich dieser Eingriff rückgängig machen.
Entscheidet sich die Frau zur Sterilisation, so werden chirurgisch die Zugänge zu den Eileitern blockiert. Weder Ei- noch Samenzelle können diesen Durchgang noch passieren. Eine Schwangerschaft ist damit unmöglich.

1. Fasse mit eigenen Worten die verschiedenen Arten der Empfängnisverhütung zusammen und treffe Aussagen über die Qualität der einzelnen Methoden!
2. Finde weitere Methoden zur Empfängnisverhütung! Das Internet oder verschiedene Lexika bieten Hilfe.

Die Position der katholischen Kirche

Die Enzyklika „Humanae vitae“, welche die Kirche 1968 herausgegeben hat, widmet sich dem Kapitel „Empfängnisverhütung“ folgendermaßen (vgl. Nr. 16):

Allein dieser Lehre der Kirche über die Gestaltung der ehelichen Sittlichkeit halten einige heute entgegen [...], es sei Recht und Aufgabe der menschlichen Vernunft, die ihr von der Naturwelt dargebotenen Kräfte zu steuern und auf Ziele auszurichten, die dem Wohl des Menschen entsprechen. Ja, man fragt: Ist nicht in diesem Zusammenhang in vielen Situationen künstliche Geburtenregelung vernünftiger, wenn man nämlich damit mehr Frieden und Eintracht in der Familie erreichen und für die Erziehung schon lebender Kinder bessere Bedingungen schaffen kann?
Auf diese Frage ist entschieden zu antworten: Die Kirche ist die erste, die den Einsatz der menschlichen Vernunft anerkennt und empfiehlt, wenn es um ein Werk geht, das den vernunftbegabten Menschen so eng mit seinem Schöpfer verbindet; aber ebenso betont sie, dass man sich dabei an die von Gott gesetzte Ordnung halten muss. Wenn also gerechte Gründe dafür sprechen, Abstände einzuhalten in der Reihenfolge der Geburten – Gründe, die sich aus der körperlichen oder seelischen Situation der Gatten oder aus äußeren Verhältnissen ergeben –, ist es nach kirchlicher Lehre den Gatten erlaubt, dem natürlichen Zyklus der Zeugungsfunktionen zu folgen, dabei den ehelichen Verkehr auf die empfängnisfreien Zeiten zu beschränken und die Kinderzahl so zu planen, dass die oben dargelegten sittlichen Grundsätze nicht verletzt werden. Die Kirche bleibt sich und ihrer Lehre treu, wenn sie einerseits die Berücksichtigung der empfängnisfreien Zeiten durch die Gatten für erlaubt hält, andererseits den Gebrauch direkt empfängnisverhütender Mittel als immer unerlaubt verwirft, auch wenn für diese andere Praxis immer wieder ehrbare und schwerwiegende Gründe angeführt werden.
Tatsächlich handelt es sich um zwei ganz unterschiedliche Verhaltensweisen: bei der ersten machen die Eheleute von einer naturgegebenen Möglichkeit rechtmäßig Gebrauch; bei der anderen dagegen hindern sie den Zeugungsvorgang bei seinem natürlichen Ablauf. Zweifellos sind in beiden Fällen die Gatten sich einig, dass sie aus guten Gründen Kinder vermeiden wollen, und dabei möchten sie auch sicher sein. Jedoch ist zu bemerken, dass nur im ersten Fall die Gatten sich in fruchtbaren Zeiten des ehelichen Verkehrs enthalten können, wenn aus berechtigten Gründen keine weiteren Kinder mehr wünschenswert sind. In den empfängnisfreien Zeiten aber vollziehen sie dann den ehelichen Verkehr zur Bezeugung der gegenseitigen Liebe und zur Wahrung der versprochenen Treue.
Wenn die Eheleute sich so verhalten, geben sie wirklich ein Zeugnis der rechten Liebe.

Anmerkung: Obwohl diese Erklärung bereits über 40 Jahre alt ist, besitzt sie dennoch Gültigkeit.

1. Wer ist deiner Meinung nach in der Beziehung dafür zuständig, sich um die Empfängnisverhütung zu kümmern – SIE oder ER? Begründe deine Meinung!
2. Findest du Empfängnisverhütung selbstverständlich oder kommen dir moralische Bedenken bei diesem Thema?
3. Kannst du dir Situationen vorstellen, in denen du Empfängnisverhütung für unerlässlich hältst?
4. Fasse die Position der katholischen Kirche in knappen Worten zusammen und vergleiche diese Position mit deiner eigenen Meinung. Wo gibt es Gemeinsamkeiten und Unterschiede?
5. Verfasse einen Brief an einen Vertreter der katholischen Kirche, in dem du ihm fundiert darlegst, was du vom Standpunkt der Kirche in der Frage der Empfängnisverhütung hältst!

Die Position der protestantischen Kirche

In einer von der protestantischen Kirche im Jahr 2004 veröffentlichten Erklärung zur Anhörung vor dem Gleichstellungsausschuss des Europarates „Frauen und Religion“ am 10. September 2004 heißt es unter anderem:

Kapitel 3: Verhütung

Verhütung und Sexualität fallen nach evangelischer Sicht in die Verantwortung des einzelnen Christen, wobei die Kirche jedoch zur ethischen Urteilsbildung beitragen möchte. Sexualität ist nach Auffassung der evangelischen Kirche nicht nur auf Fortpflanzung ausgerichtet. Sie ist ein möglicher Ausdruck von Liebe, engster körperlicher Zuneigung und Nähe. Künstliche Verhütung wird ausdrücklich bejaht. Dennoch gibt es in den Einzelfragen der Sexualethik eine große Spannbreite unterschiedlicher Auffassungen.
In der „Denkschrift zu Fragen der Sexualethik“ der EKD aus dem Jahr 1981 wird zum Thema „Empfängnisregelung“ ausgeführt: „Nach christlichem Verständnis sind Zeugungsfähigkeit und Fruchtbarkeit von Mann und Frau eine Gabe Gottes, die es bewusst verantwortlich zu verwalten gilt. Jeder Vollzug der Geschlechtergemeinschaft ist unlösbar mit der Verantwortung für werdendes Leben verbunden.“ Die Anwendung von empfängnisverhütenden Mitteln kann nur mit dem „andauernd freien Einverständnis“ beider Partner erfolgen. In jedem Fall setze Empfängnisverhütung eine sachverständige Beratung voraus. Alle Verhütungsverfahren, die werdendes Leben antasten oder einen Schwangerschaftsabbruch bedingen könnten, werden abgelehnt.
Die gemeinsame Erklärung des Rates der EKD und der Deutschen Katholischen Bischofskonferenz „Gott ist ein Freund des Lebens“ aus dem Jahr 1989 greift das Thema ebenfalls auf und betont die biologische Verbindung zwischen Sexualität und Fortpflanzung. „Verantwortung in Partnerschaft und Sexualität muss allerdings schon wahrgenommen werden, bevor ein Kind gezeugt bzw. empfangen wird. Zur Partnerschaft gehört deshalb *Familienplanung* im Sinne verantwortlicher Elternschaft. Die evangelische wie die katholische Kirche sind sich darin einig, dass Familienplanung partnerschaftlich geschehen muss und dass sie keinen der beiden Partner einseitig belasten oder in seiner Liebesfähigkeit beeinträchtigen darf.“ Gerade die Frau müsse vor den Folgen einer zu schnellen Geburtenfolge, Schwangerschaften in zu frühem oder zu spätem Alter und vor eindeutigen Konfliktschwangerschaften bewahrt werden. Um eine verantwortliche Familienplanung vorzunehmen, sei daher umfassende Information über die Möglichkeiten der Empfängnisverhütung unabdingbar.

1. Wer ist deiner Meinung nach in der Beziehung dafür zuständig, sich um die Empfängnisverhütung zu kümmern – SIE oder ER? Begründe deine Meinung!
2. Findest du Empfängnisverhütung selbstverständlich oder kommen dir moralische Bedenken bei diesem Thema?
3. Kannst du dir Situationen vorstellen, in denen du Empfängnisverhütung für unerlässlich hältst?
4. Fasse die Position der protestantischen Kirche in knappen Worten zusammen und vergleiche diese Position mit deiner eigenen Meinung. Wo gibt es Gemeinsamkeiten und Unterschiede?
5. Verfasse einen Brief an einen Vertreter der protestantischen Kirche, in dem du ihm fundiert darlegst, was du vom Standpunkt der Kirche in der Frage der Empfängnisverhütung hältst!

Die Position des Islam

Für Moslems gelten im Bereich „Empfängnisverhütung“ folgende Regeln:
Im Islam haben die Regeln der Empfängnisverhütung eine Verwandlung durchgemacht. Zur Zeit des Propheten Muhammad war es üblich, den Geschlechtsverkehr vorzeitig zu unterbrechen („coitus interruptus“), um eine Schwangerschaft zu verhindern. Dies schadete keinem der Beteiligten. Aus heutiger Sicht ist diese Methode sehr unzuverlässig und man kann den „coitus interruptus“ gewiss nicht zu den sicheren Verhütungsmethoden zählen, zumal es im Bereich Verhütung große technische Fortschritte gegeben hat. Deshalb ist es den Ehepartnern freigestellt, für welche Verhütungsmethode sie sich entscheiden. Auch hier gilt die Maßgabe, dass bei der Auswahl die Gesundheit und das Wohlergehen der Sexualpartner nicht gefährdet oder beeinträchtigt sein soll. Denn je nach gewählter Maßnahme können unerwünschte Nebenwirkungen eintreten, sodass eine Alternative empfohlen sein kann.
Da der Islam durch eine ständige Interpretation der Schriften und Diskussion lebendig ist, kann diese Vorschrift je nach Gemeinde auch variieren.

Im Koran steht dazu folgender Text (Sure 2:233):
Und die Mütter stillen ihre Kinder zwei volle Jahre. (Das gilt) für jemanden, der das Stillen zu Ende führen will. Und demjenigen, dem das Kind geboren wurde, obliegt es, für ihre Versorgung und Kleidung in rechtlicher Weise aufzukommen. Keiner Seele wird mehr auferlegt, als sie zu leisten vermag. Keine Mutter soll wegen ihres Kindes zu Schaden kommen, noch einer, dem das Kind geboren wurde, wegen seines Kindes. Und dem Erben obliegt das gleiche. Wenn sie beide jedoch in gegenseitigem Einvernehmen und gemeinsamer Beratung (das Kind vorzeitig) entwöhnen wollen, so ist darin keine Sünde für sie (beide). Und wenn ihr eure Kinder (von einer Amme) stillen lassen wollt, so ist darin keine Sünde für euch, sofern ihr das, was ihr geben wollt, in rechtlicher Weise aushändigt. Und fürchtet Allah und wisst, dass Allah das, was ihr tut, wohl sieht!

Es gibt auch Berichte aus der Zeit Mohammeds, die sich dem Thema „Empfängnisverhütung“ widmen (Sahih Al-Bucharyy Nr. 5207).
Dschabir berichtete: „Wir haben gewöhnlich von dem ’Azl (= coitus interruptus) zur Zeit des Gesandten Allahs, Allahs Segen und Friede auf ihm, Gebrauch gemacht.“
(Mit dieser Angabe will der Berichterstatter darauf hinweisen, dass weder von der Seite des Propheten Mohammed noch durch die Offenbarung des Koran ein Verbot erteilt wurde.)

1. Wer ist deiner Meinung nach in der Beziehung dafür zuständig, sich um die Empfängnisverhütung zu kümmern – SIE oder ER? Begründe deine Meinung!
2. Findest du Empfängnisverhütung selbstverständlich oder kommen dir moralische Bedenken bei diesem Thema?
3. Kannst du dir Situationen vorstellen, in denen du Empfängnisverhütung für unerlässlich hältst?
4. Fasse die Position des Islam in knappen Worten zusammen und vergleiche diese Position mit deiner eigenen Meinung. Wo gibt es Gemeinsamkeiten und Unterschiede?

Ist Empfängnisverhütung erlaubt? – ein Vergleich der Positionen

	Kath. Kirche	Prot. Kirche	Islam
Ist Empfängnisverhütung generell verboten?			
Welche Verhütungsmethode ist erlaubt?			
Wie wird der eigene Standpunkt begründet?			
Ich halte diese Position für (nicht) modern (kurze Begründung!)			

1. Betrachte die verschiedenen Positionen der einzelnen Glaubensgemeinschaften zum Thema „Empfängnisverhütung" und ziehe einen Vergleich. Die Tabelle gibt die Kriterien vor!
2. Erstelle einen Artikel für die Schülerzeitung, in dem du kurz und knapp über die Positionen der Glaubensgemeinschaften berichtest!

2. Pränataldiagnostik (PND)

a. Zum Thema
Unter diesem Begriff können sich viele Schüler zunächst nichts vorstellen. Allerdings wird bei der ersten Kontaktaufnahme mit dem Thema und der Übersetzung des Begriffs klar, worum es geht. Und die meisten Schüler können zumindest die gängigste Diagnosemethode, nämlich Ultraschall, benennen. Mag dieser Themenbereich zunächst nicht allzu interessant wirken, so lassen sich die Schüler – sowohl weiblichen als auch männlichen Geschlechts – dann doch von den verschiedenen, oft unbekannten Methoden faszinieren und finden dieses Thema zunehmend attraktiv.

b. Das Material
Neben dem einführenden Informationsmaterial (Übersicht über pränatale Diagnosemethoden und Einstiegsfolie) finden sich die Positionen der katholischen, der katholischen und protestantischen Kirche, des Judentums und des Islam.

c. Lösungsvorschläge und Erklärungen

Die aktuellen Methoden (S. 19)

Anhand dieses Arbeitsblattes sollen die Schüler mit dem Thema PND vertraut gemacht werden, um anschließend auch sachkundig über die problematischen Fragestellungen diskutieren zu können.

1. Es ist festzustellen, dass sich die Methoden in zwei Gruppen einteilen lassen: invasiv und nichtinvasiv. Während die nichtinvasiven Methoden keinerlei Gefährdung für Mutter und Embryo darstellen, so bergen die invasiven Methoden immer ein höheres Risiko für den Embryo. Dafür sind hierbei die Untersuchungsergebnisse wesentlich aussagekräftiger und zuverlässiger, sodass bestimmte, möglicherweise auftretende Krankheiten nur anhand der letztgenannten Diagnosemöglichkeiten erkannt werden können.

   Die Wertung, die die Schüler treffen, kann je nach Schüler sehr unterschiedlich sein, ein „guter" Standpunkt kann hier nicht angegeben werden.

2.
   - Hohe Kosten für das Gesundheitssystem
   - „Terminstress" für werdende Mütter
   - Hohe Auslastung der Untersuchungszentren
   - Eltern werden vielleicht unnötigerweise beunruhigt bei nicht durchschnittlichen Untersuchungsergebnissen
   - Die Abtreibungsrate könnte steigen
   - Unnötige Risiken für Mütter und Embryonen, da die meisten Schwangerschaften keine Risikoschwangerschaften sind und hier normale Entwicklungen der Embryonen zu erwarten sind.

Die Position der katholischen Kirche (S. 20)

1. Die Verfahren sind erlaubt, wenn sie bei Krankheiten frühzeitige Therapien ermöglichen oder die Annahme eines kranken Kindes durch die Eltern erleichtern. Verworfen wird die PND, wenn sie zum Zwecke durchgeführt wird, möglicherweise kranke Kinder abtreiben zu lassen.

2. Das Verbot der Abtreibung kranker Embryonen wird bekräftigt, auch wenn man die Position der werdenden Eltern zu verstehen versucht.

3. Hier sollen die Schüler ihre eingenommene Position zum Thema PND in einem Text darstellen und zielgerichtet formulieren. Es sollte dabei sowohl auf den begründeten eigenen Standpunkt ankommen wie auch auf eine überzeugende Formulierung.

Die Position der katholischen und protestantischen Kirche (S. 21)

1997, also zwei Jahre nach der Enzyklika, haben die beiden großen christlichen Kirchen eine gemeinsame Erklärung zu diesem Thema veröffentlicht.

1. Pränatale Diagnostik ist zu befürworten, wenn sie keine Abtreibung zur Folge hat. Bei auffälligen Befunden ist eine sorgfältige Beratung der werdenden Eltern unumgänglich.

2. Wenn die Befunde unauffällig sind, dann tragen diese Untersuchungen i. d. R. zur Beruhigung der Mutter bei. Sind die Befunde hingegen auffällig, so gibt es entweder die Möglichkeit, dass die Mutter sich gefasst auf die Geburt eines kranken Kindes vorbereiten kann, allerdings besteht auch die Möglichkeit, dass der Schritt der Abtreibung erwogen wird, da man glaubt, die auftretenden Schwierigkeiten nicht ertragen zu können.

3. Es muss eine gute Beratung der betroffenen Eltern stattfinden. Dies kann Kirche leisten.

4. Es wird auf die Gefahr von Auswahlmechanismen hingewiesen. Durch diese Mechanismen wird die Menschenwürde verletzt, da Menschen nicht danach beurteilt werden dürfen, ob sie gesund oder krank sind. Mit dem Wort „mutmaßlich“ wird in dem Text auch unterstrichen, dass die Untersuchungen keinesfalls fehlerfrei sind oder diagnostizierte Gendefekte auch zwingend zu schweren Erkrankungen führen müssen.

Abschließend wird danach gefragt, ob die Schüler ähnliche Gefahren erkennen. Hier wird erwartet, dass die Schüler begründet Stellung nehmen.

Die Position des Judentums (S. 22)

1. Da der Mensch die Aufgabe hat, das Leid in der Welt zu mindern, und die Geburt von kranken Menschen das vorhandene Leid in der Welt vergrößern würde, ist es erlaubt, mit technischen Hilfsmitteln dies zu verhindern. Das Judentum sieht folglich kein Problem darin, PND anzuwenden, um kranke Embryonen zu heilen oder „auszusortieren“, da dem Embryo bis zum 40. Tag der Schwangerschaft keine Menschenrechte zugebilligt werden. Es wird als „Wasser“ wahrgenommen.

2. Hier sind verschiedene Ansätze denkbar:
   - Leid und Krankheiten auf der Welt würden verringert, allerdings auf Kosten der Menschenwürde, da man mit diesem Verhalten den Wert kranker Menschen herabsetzt.
   - Es haben nur absolut gesunde Embryonen überhaupt eine Chance, geboren zu werden. Aber wer kann garantieren, dass sich unter den abgetriebenen, vielleicht nicht hundertprozentig gesunden Embryonen nicht ein zweiter Einstein befunden hätte (siehe Stephen Hawking)?
   - Familien, die sich dafür entscheiden, möglicherweise kranke Kinder zur Welt zu bringen, können als Außenseiter betrachtet werden, da sie der Gesellschaft zur Last fallen könnten.
   - (Es sind weitere mögliche Folgen denkbar ...)

3. Hier nehmen die Schüler individuell begründet Stellung. Es ist zu erwarten, dass die vorgebrachten möglichen Folgen aus dem 2. Arbeitsauftrag in die Argumentationskette einfließen.

Die Position des Islam (S. 23)

1. Die Beurteilung der PND ist im Islam nicht einheitlich. Teilweise wird die Position vertreten, dass PND erlaubt ist, um schwer kranke Embryonen abzutreiben. Teilweise wird sie gerade aus diesem Grunde abgelehnt, da sich menschliches Leben nicht nach der Gesundheit eines Menschen bemisst (darin sind sich Islam und Christentum einig). PND darf aber nicht dazu missbraucht werden, um das perfekte Kind zu gebären.

2. Hier sollen die Schüler zu den verschiedenen Ansichten des Islam zum Thema PND begründet Stellung beziehen.

3. Hier sind verschiedene und konträre Antworten zu erwarten.
   Als Argumentationshilfe können folgende Denkanstöße dienen:
   - Die Ausübung der Religion ist im Grundgesetz verankert, steht aber nicht über dem Wert des Menschen, der in seiner Menschenwürde unantastbar ist.
   - Es gäbe ein heilloses Durcheinander, wenn je nach Kulturkreis andere Methoden erlaubt werden.
   - Ärzte könnten gezwungen sein, gegen ihre eigene Überzeugung zu handeln, wenn sie aus ihrer Sicht unmoralische Diagnosemethoden anwenden sollen.

Diagnose per Ultraschall

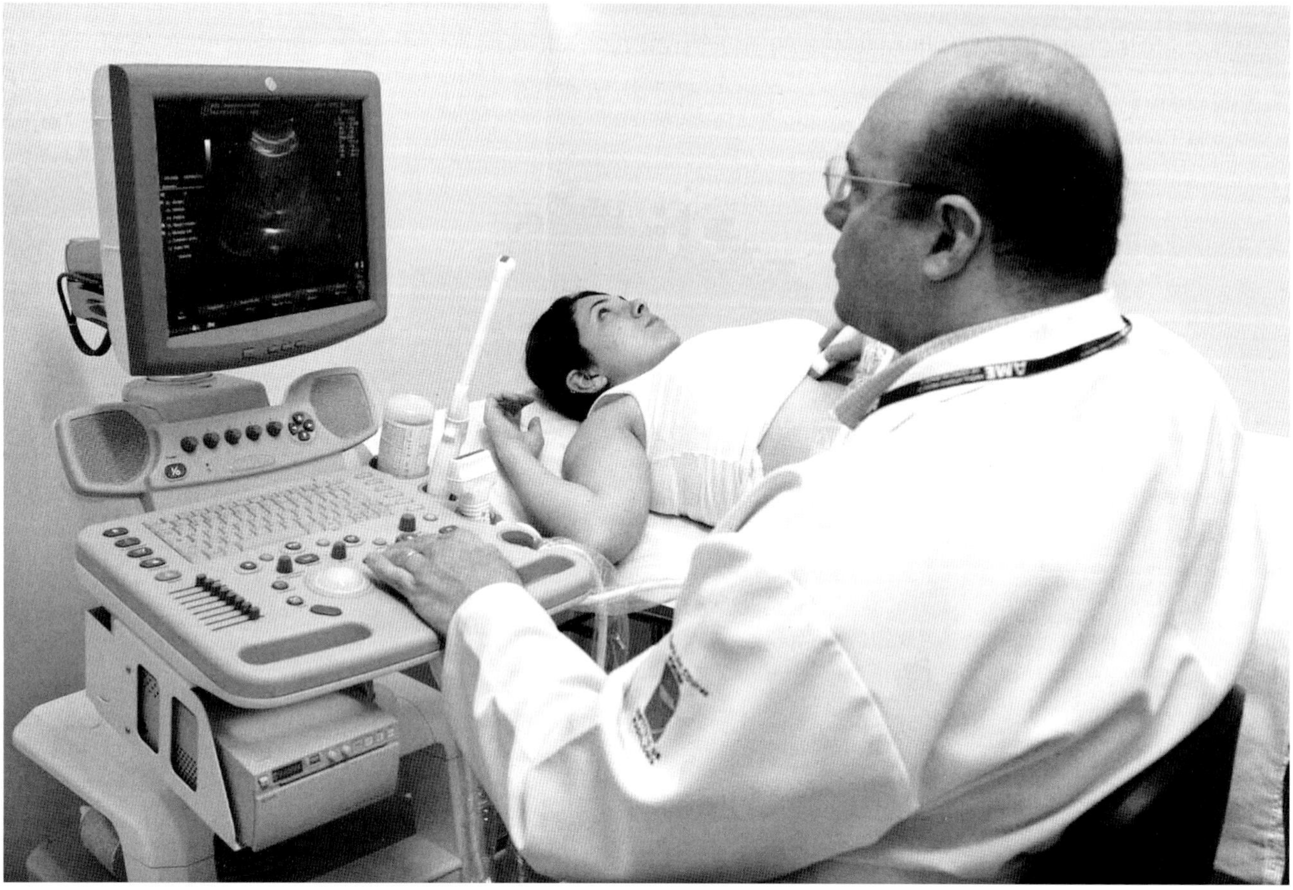

Ein Arzt untersucht eine Patientin per Ultraschall. Dabei werden Schallwellen im nicht hörbaren Bereich in den Körper der Patientin gesendet. Die im Körper reflektierten Wellen werden zu einem Bild verarbeitet und können an einem Monitor betrachtet werden. Für die geschulten Augen sind dabei Details, wie z. B. das Geschlecht des Embryos, gut zu erkennen.

Die aktuellen Methoden

Unter pränataler Diagnostik versteht man Untersuchungen am Embryo und an der schwangeren Frau, die vor der Geburt durchgeführt werden. Die Bezeichnung leitet sich vom Lateinischen „prae" = „vor" und „natalis" = „zur Geburt gehörig" ab.
Ziel dieser Untersuchungen ist es in erster Linie, den Verlauf der Schwangerschaft zu überwachen. Manche Methoden haben aber das Ziel, den Embryo auf möglicherweise nach der Geburt auftretende Krankheiten zu untersuchen. Die Verwendung vieler Untersuchungsarten ist umstritten, da sie dem Embryo unter Umständen schaden können. Außerdem beeinflussen die Ergebnisse möglicherweise die Einstellung der Eltern zum ungeborenen Kind negativ und führen so zu der Entscheidung, die Schwangerschaft abzubrechen.

Einige Methoden der pränatalen Diagnostik:

❶ Nichtinvasive Methoden
Hierunter versteht man Untersuchungen, die rein äußerlich am Körper der schwangeren Frau stattfinden, aber dennoch Rückschlüsse auf den Zustand des Embryos geben.
Ultraschall: Es werden nicht hörbare Schallwellen in den Körper der Schwangeren gesendet. Die Schallechos können in ein Bild umgewandelt werden und man sieht den Embryo. Die Untersuchung hat fast keine Risiken und ist schmerzfrei. Allerdings kann man am Embryo lediglich Äußerlichkeiten feststellen, wie Lage, Größe, Geschlecht ... Äußerlich nicht sichtbare Krankheiten können nicht erkannt werden. Es gibt zahlreiche Varianten der Ultraschalluntersuchung, die hier aber nicht aufgeführt werden.
Serologische Untersuchung: Man untersucht das Blut der Mutter auf die Konzentration bestimmter Hormone. Bei bestimmten Konzentrationen schließt man auf mögliche Krankheiten, wie etwa das Down-Syndrom. Allerdings unterliegt diese Untersuchung sehr vielen Einflüssen (z. B. dem Gesundheitszustand der Mutter) und lässt keine wirklich sichere Prognose auf mögliche Erkrankungen zu.

❷ Invasive Methoden
Hierunter versteht man Untersuchungen, die innerhalb des Körpers stattfinden.
Chorionbiopsie: Hierbei wird mittels einer Biopsie ein winziges Stück der Plazenta entnommen, die den Embryo umgibt und ihn ernährt. Die Plazenta ist mit dem Embryo genetisch in den allermeisten Fällen identisch. Finden sich in der entnommenen Plazenta-Probe genetische Defekte, so sind diese beim Kind mit großer Sicherheit auch vorhanden. Diese Untersuchung wird nur auf besonderen Wunsch durchgeführt. Sollte eine genetisch bedingte Erkrankung des Embryos festgestellt werden, so ist eine Heilung in der Regel dennoch nicht möglich. Nebenbei treten Risiken für das Kind auf, die aber relativ gering sind.
Fruchtwasseruntersuchung: Mit einer in die Gebärmutter eingeführten Nadel werden 10–15 ml Fruchtwasser entnommen. In diesem finden sich Zellen des Embryos, die von ihm abgestoßen wurden und sich für eine Untersuchung eignen. Anhand der Zellen können bestimmte genetische Krankheiten und Fehlentwicklungen im zentralen Nervensystem mit großer Sicherheit festgestellt werden. Allerdings sind einige Risiken zu beachten: Es kann zu Fruchtwasserverlust, Gebärmutterkontraktionen oder gar Fehlgeburten kommen. Außerdem kann das Kind mit der Nadel verletzt werden.

1. Betrachte die einzelnen Untersuchungsmethoden und überlege, welche Methode du bei einer „normalen" Schwangerschaft für angemessen hältst, welche nicht!
2. Mache dir Gedanken, welche Folgen es hätte, möglichst viele pränatale Untersuchungen bei jeder Schwangerschaft durchzuführen!

Die Position der katholischen Kirche

In der Enzyklika „Evangelium vitae" von 1995 steht unter Nr. 63 zu lesen:

Besondere Aufmerksamkeit muss der sittlichen Bewertung der *Verfahren vorgeburtlicher Diagnose* gelten, die die frühzeitige Feststellung eventueller Missbildungen oder Krankheiten des ungeborenen Kindes erlauben. Wegen der Komplexität dieser Verfahren muss eine solche Bewertung in der Tat sorgfältiger und artikulierter erfolgen. Wenn sie ohne unverhältnismäßige Gefahren für das Kind und für die Mutter sind und zum Ziel haben, eine frühzeitige Therapie zu ermöglichen oder auch eine gefasste und bewusste Annahme des Ungeborenen zu begünstigen, sind diese Verfahren sittlich erlaubt. Da jedoch die Behandlungsmöglichkeiten vor der Geburt heute noch recht begrenzt sind, kommt es nicht selten vor, dass diese Verfahren in den Dienst einer Eugenetik-Mentalität gestellt werden, die die selektive Abtreibung in Kauf nimmt, um die Geburt von Kindern zu verhindern, die von Missbildungen und Krankheiten verschiedener Art betroffen sind. Eine solche Denkart ist niederträchtig und höchst verwerflich, weil sie sich anmaßt, den Wert eines menschlichen Lebens einzig und allein nach Maßstäben wie »Normalität« und physisches Wohlbefinden zu beurteilen und auf diese Weise auch der Legitimation der Kindestötung und der Euthanasie den Weg bahnt.

Die deutschen Bischöfe schrieben im Jahre 2001 dazu folgenden Text:
Oft aber wird der Embryo, wenn bei ihm eine Krankheit oder Behinderung festgestellt wurde, abgetrieben. Ein solcher Entschluss ist ethisch nicht zu billigen. Es ist selbstverständlich, dass Eltern sich ein gesundes Kind wünschen, aber dies darf nicht dazu führen, dass kranke Kinder abgelehnt und getötet werden. Eltern sollten deshalb schon im Vorfeld bedenken, in welche Konflikte sie eine pränatale Diagnostik führen kann. Diese können in der genetischen Beratung bedacht werden.

1. Unter welchen Umständen und zu welchem Zweck erlaubt die katholische Kirche in der Enzyklika von 1995 die pränatale Diagnostik? Welche Folge wird verworfen?
2. Inwiefern ergänzen die Bischöfe sechs Jahre später die päpstliche Verlautbarung?
3. Verfasse einen Brief an die deutschen Bischöfe, in dem du ihnen deine begründete Stellung zur pränatalen Diagnostik darlegst!

Die Position der katholischen und protestantischen Kirche

1997 haben die Deutsche Bischofskonferenz und der Rat der evangelischen Kirche eine gemeinsame Erklärung zum Thema pränatale Diagnostik veröffentlicht. Darin steht u. a. folgende Passage:

Wird bei einer vorgeburtlichen Diagnostik ein auffälliger Befund erhoben, müssen die Eltern in einem weiteren Beratungsgespräch über das Ergebnis eingehend informiert und beraten werden. Häufig setzen sich erst dann die Eltern mit den Handlungsalternativen Annahme des Kindes und Austragen der Schwangerschaft oder Schwangerschaftsabbruch auseinander. Dabei ist zu berücksichtigen, dass ein auffälliger Befund und die sich hieraus ergebenden Aussagen zu der zu erwartenden Entwicklung des Kindes keine ausreichende Begründung für einen Schwangerschaftsabbruch darstellen […].

Der Weg zur Pränataldiagnostik führt für die meisten Frauen über eine erste Information der Frauenärztin/des Frauenarztes oder durch informierte Laien. Durch die Information über kindliche Erkrankungsrisiken wird zunächst unvermeidlich Beunruhigung ausgelöst. Die Möglichkeit, Störungen zu erkennen, und die eventuellen Konsequenzen eines Befundes können zu einer Entscheidungsunsicherheit und dem Gefühl führen, sich nicht vorbehaltlos auf die Schwangerschaft und das Kind einstellen zu können. Manche Frauen versuchen, diesen Konflikt für sich dadurch zu lösen, dass sie pränatale Diagnostik in Anspruch nehmen, um sich Klarheit zu verschaffen und der weiteren Schwangerschaft beruhigt entgegenzusehen. Andere entscheiden sich gegen die pränatale Diagnostik, da sie Eingriffsrisiken und eventuelle negative Konsequenzen für das Ungeborene bei einem auffälligen Befund befürchten oder ablehnen.

Diese jeweilige Entscheidung ist zu respektieren und insbesondere dann zu stärken und zu fördern, wenn sich aus dem Befund einer Pränataldiagnostik keine unmittelbaren Behandlungskonsequenzen für Mutter und Kind ergeben. In der Situation nach einem auffälligen Pränataldiagnostik-Befund kommt der Beratung eine entscheidende Bedeutung zu. Um die Ratsuchende zur Selbsthilfe und zur Wahrnehmung ihrer Verantwortung für das ungeborene Kind zu befähigen, muss die Beratung sowohl umfassend auf die Lebenssituation der Frau eingehen als auch Perspektiven für ein Leben mit dem behinderten Kind eröffnen und beiden gegebenenfalls Begleitung anbieten und Hilfen vermitteln.

Weiterhin veröffentlicht die Evangelische Kirche in Deutschland 2006 folgenden Absatz:
In der Debatte um die vorgeburtliche Diagnostik haben Kirchen und Diakonieverbände in Europa vor einer „Tyrannei der Normalität“ gewarnt. Menschen dürften nicht danach bewertet werden, ob ihre Gene frei von mutmaßlichen Defekten seien.
Die Menschenwürde hänge nicht davon ab, ob jemand krank oder behindert sei, erklärten die Dachverbände Konferenz Europäischer Kirchen (KEK) und Eurodiaconia. Die Pränataldiagnostik erhöhe die Gefahr von „Auswahlmechanismen“.

1. Welche Haltung nehmen die Kirchen gegenüber der Pränataldiagnostik ein?
2. Welche Folgen kann die Untersuchung für eine werdende Mutter haben?
3. Wie kann Kirche den Frauen unterstützend zur Seite stehen?
4. Gegen welche Folgen wenden sich die Kirchen und Diakonieverbände in ihrer Veröffentlichung von 2006? Siehst du ähnliche Gefahren?

Die Position des Judentums

Gott hat den Menschen den Auftrag gegeben, sich um die Erde zu kümmern. Dies beinhaltet auch, das Leid auf der Erde zu vermindern. Ärzte sehen sich hierbei als die Gehilfen Gottes, die ihn bei dieser Aufgabe unterstützen.

Ärzte sehen es als ihre Pflicht an, jedwede Hilfe heranzuziehen, um den menschlichen Körper, der den Menschen mit Gott verbindet (denn immerhin hat Gott den Menschen nach seinem Ebenbild erschaffen), zu bewahren und zu schützen.

Da sich der Mensch aber nicht mit dem allwissenden Gott gleichsetzen kann und nicht allmächtig ist, muss er jedes Hilfsmittel benutzen, das ihm die Wissenschaft zur Verfügung stellt, um den göttlichen Auftrag auszuführen. Dazu zählen auch alle möglichen Formen der Diagnose, um das körperliche Leid zu verhindern.

Hinzu kommt, dass der Embryo bis zum 40. Tage des Wachstums nicht als menschliches Leben wahrgenommen wird, er gilt lediglich als Wasser und hat somit auch keinerlei Anspruch auf den Schutz des Lebens oder gar auf Menschenrechte.

Dies lässt auch die Schlussfolgerung zu, dass Embryonen außerhalb des Körpers untersucht und auch zur Stammzellenforschung herangezogen werden dürfen, was den Tod des Embryos mit sich bringen kann.

Anmerkung: Auch aufgrund dieser Auslegung der Schrift sind gerade jüdische Mediziner Vorreiter in Sachen Stammzellenforschung.

1. Fasse die Position des Judentums kurz zusammen!
2. Überlege dir die möglichen Folgen, die für Familien entstehen können, wenn diese Auffassung weltweit gelten würde!
3. Beziehe begründet Stellung zur dargestellten Position!

Die Position des Islam

Laut einer Veröffentlichung des Instituts für Geschichte, Theorie und Ethik der Medizin der Johannes Gutenberg-Universität Mainz steht der Islam zum Thema Pränatale Diagnostik (PND) folgendermaßen:

Es gibt im Islam keine einheitliche Beurteilung zum Thema PND. Teilweise stimmen Rechtsgelehrte einem Schwangerschaftsabbruch zu, wenn beim Embryo eine schwere Krankheit, wie z. B. das Down-Syndrom, festgestellt wurde. Dabei gilt: Je eher der Schwangerschaftsabbruch erfolgt, desto geringer sind die moralischen Bedenken. Dies legt natürlich zugrunde, dass vor einem Schwangerschaftsabbruch eine Diagnose der Krankheit erfolgen musste, also mindestens eine Maßnahme der PND durchgeführt wurde.

Andere Gelehrte können eine PND nicht befürworten, wenn sie lediglich der Entscheidungsfindung dient, ob man eine Schwangerschaft vorzeitig abbricht oder nicht. Denn das menschliche Leben lässt sich nicht danach bemessen, ob man gesund oder krank ist. Es ist mit dem islamischen Menschenbild nicht vereinbar, dass man sich ein perfektes und absolut gesundes Kind wünscht. Außerdem werden von diesen Gelehrten auch die Möglichkeiten von Fehldiagnosen oder Schädigungen bei der Durchführung einer PND angeführt.

In einem Falle sprechen sich aber (fast) alle Gelehrten für eine PND aus: Wenn nach einer PND ein Schwangerschaftsabbruch eingeleitet wird, um die Lebensgefahr für die Mutter zu verhindern.

Zum Thema der Präimplantationsdiagnostik (PID) gibt es folgende Anmerkung:
Da hier die Embryonen in einem sehr frühen Stadium der Schwangerschaft selektiert und getötet werden, ist dies moralisch weniger verwerflich als ein Schwangerschaftsabbruch nach einer PND. In Deutschland ist dieses Verfahren aber aufgrund gesetzlicher Vorgaben nicht möglich.

Abschließend kann festgehalten werden, dass im islamischen Kulturkreis sowohl PND als auch PID aufgrund einer starken Verbreitung der Verwandtenehe – was die Gefahr von genetischen Krankheiten signifikant erhöht – immer mehr an Bedeutung gewinnen. Durch die Methoden der PID und PND können diese Krankheiten minimiert werden.

1. Fasse die Position des Islam zusammen!
2. Nimm Stellung zur dargestellten Position!
3. Einige Stimmen in Deutschland fordern, dass die gesetzlichen Regelungen für Diagnostik und Abtreibung kultursensibel gestaltet werden. Das heißt, dass die Frau je nach Kultur und Glauben entscheiden darf, welche Diagnosemethoden sie wählt und ob sie das Kind abtreiben lässt.
   Bilde dir hierzu eine begründete Meinung!

3. Abtreibung

a. Zum Thema

Dieses Thema bildet den zu erwartenden dritten Punkt nach Empfängnisverhütung und Pränataldiagnostik. Die Schüler sollen sich mit dem Wert des ungeborenen Lebens auseinandersetzen. Es ist zu erwarten, dass hier die Schülerinnen fundierter und interessierter argumentieren als Schüler, da sie aufgrund biologischer Umstände auch stärker von diesem Thema betroffen sind.
Die Schüler könnten sich zu dem Kommentar veranlasst sehen, dass sie sich mit diesem Thema nicht befassen müssten, da die Entscheidung über eine Abtreibung alleine bei schwangeren Frauen, nicht aber den werdenden Vätern liegt. Legen Sie sich für diesen Fall passende Argumente bereit.

b. Das Material

Zum Einstieg in dieses Thema werden verschiedene Methoden des Schwangerschaftsabbruchs vorgestellt, anschließend die juristische Seite betrachtet. Abschließend finden sich die Position der katholischen und der protestantischen Kirche, des Judentums und des Islam.

c. Lösungsvorschläge und Erklärungen

Abtreibung – Was ist das? (S. 28)

Anhand dieses Arbeitsblattes sollen die Schüler zum Thema hingeführt werden und verschiedene Methoden kennenlernen, eine Schwangerschaft abzubrechen.
Achtung: Unter Umständen empfinden Schüler die Vorstellung dieser Eingriffe sehr unangenehm. Es sollte deshalb vor dem Besprechen des Textes darauf verwiesen werden, dass hier unangenehme Details zur Sprache kommen.

Es werden drei verschiedene Methoden vorgestellt: die Absaugung, die Ausschabung und ein medikamentöser Abbruch der Schwangerschaft. Auf den ersten Blick erscheint die medikamentöse Methode die unkomplizierteste zu sein, da sie keine mechanischen Eingriffe in den Körper erfordert.

Rechtliche Grundlagen in Deutschland (S. 29)

Diese Information spiegelt den rechtlichen Stand zum Zeitpunkt der Buchveröffentlichung wider.

1. Grundsätzlich richtet sich die Gesetzgebung gegen einen Schwangerschaftsabbruch, dieser wird sogar recht hoch mit bis zu drei Jahren (in Extremfällen bis fünf Jahren) Freiheitsentzug bestraft. Der § 218a regelt lediglich, dass eine derartige Tat straffrei bleibt. Nichtsdestoweniger hat eine Abtreibung immer noch den Charakter einer Straftat.

2. Straffrei bleibt ein Schwangerschaftsabbruch, wenn die Schwangere ihn verlangt und eine unmittelbar vorher in Anspruch genommene Beratung vorweisen kann, die Abtreibung zugleich von einem Arzt vorgenommen wird und die zwölfte Schwangerschaftswoche noch nicht abgeschlossen ist.

Weiterhin bleibt der Abbruch straffrei, wenn das Leben der Patientin gerettet oder schwerer Schaden abgewendet wird. Im Falle einer Schwangerschaft nach einer Vergewaltigung wird ebenfalls Straffreiheit gewährt.

3. Der werdende Vater ist in diesem Gesetz nicht einmal erwähnt. Er findet also keinerlei Berücksichtigung bei der Entscheidung, ob ein Abbruch stattfindet oder nicht. Er hat folglich kein Mitspracherecht.

4. Hier beziehen die Schüler begründet Stellung. Es sind kontroverse Diskussionen zu erwarten. Mögliche Gründe, die bei einer Diskussion angeführt werden können:
   - Der Staat hat kein Recht, über den Körper der Frau zu bestimmen.
   - Die Frau hat kein Recht, über gerade entstehendes Leben zu bestimmen. (Allerdings kann sie nicht daran gehindert werden, sich so zu verhalten, dass sie den Embryo nachhaltig schädigt. Somit greift sie auch nachhaltig in das Leben eines entstehenden Menschen ein.)
   - Der Staat hat die Pflicht, sich um das Wohl seiner Bürger zu kümmern, auch um das Wohl der noch nicht geborenen Bürger.

Die Position der katholischen Kirche (S. 30)

1. Die katholische Kirche setzt einen Schwangerschaftsabbruch mit einer Tötung gleich. Dies widerspricht dem göttlichen Auftrag, das Leben zu bewahren und zu schützen. Von der Empfängnis an wird ein Embryo als Lebewesen betrachtet, den es zu beschützen gilt.
   Die zunächst im Jahre 1965 veröffentlichte Meinung wird dreißig Jahre später bestätigt und Abtreibung wird erneut als vorsätzliche Tötung bezeichnet, zudem als schweres sittliches Vergehen. Es gibt für die Kirche keinen denkbaren Fall, in dem Abtreibung erlaubt ist.

2. Als Begründung wird der Wille Gottes angeführt, dass der Mensch die Aufgabe hat, das Leben mit größter Sorgfalt zu schützen. Ferner verbietet das Naturrecht, entstehendes menschliches Leben zu töten.

3. Der Originaltext des Canon 1398 (CIC 1989) lautet: „Wer eine Abtreibung vornimmt, zieht sich mit erfolgter Ausführung die Tatstrafe der Exkommunikation zu.“ Dies ist die schwerste Strafe, welche die Kirche aussprechen kann.

4. Hier sollen die Schüler begründet Stellung zur Position der katholischen Kirche nehmen. Es sind interessante Wortgefechte zu erwarten.

Die Position der protestantischen Kirche (S. 31)

1. Das Leben eines Menschen, auch eines ungeborenen, darf nicht angetastet werden, da niemand über das Leben eines anderen verfügen darf. Abtreibung wird folglich komplett abgelehnt.

2. Es wird auf das Gebot „Du sollst nicht töten“ verwiesen. Da eine Abtreibung mit dem Töten eines anderen Menschen gleichgesetzt wird, findet auch hier das Wort Gottes Anwendung.

3. Die katholische Kirche hat die Beratung abgebrochen, da sie nicht Mittel zum Zweck sein wollte, sprich: Sie wollte nicht daran mitwirken, eine Abtreibung zu ermöglichen. Die protestantische Kirche hingegen sieht die Beratung als Chance, den werdenden Müttern Möglichkeiten aufzuzeigen, mit dem (bis dahin vielleicht ungewollten) Kind gut zu leben und es annehmen zu können.

Die Beratung dient letztlich dem Schutz des ungeborenen Lebens. Damit steht die protestantische Position der katholischen Position diametral gegenüber.

4. Eine Schwangerschaftskonfliktberatung umfasst:
   - Konfliktklärung hinsichtlich der emotionalen, seelischen, partnerschaftlichen und lebensplanerischen Aspekten von Elternschaft bzw. eines Schwangerschaftsabbruchs
   - Informationen über staatliche und andere Sozialleistungen und Unterstützungen – Elterngeld, Kindergeld, Unterhalt, Wohngeld, existenzielle Leistungen
   - Medizinische Aufklärung hinsichtlich eines operativen oder medikamentösen Eingriffs
   - Kosten und Finanzierung eines Schwangerschaftsabbruchs
   - Erläuterung der Rechtsgrundlage.

   Die Beratung muss organisatorisch getrennt sein von Kliniken, in denen Abtreibungen angeboten werden. So wird verhindert, dass zu einem Schwangerschaftsabbruch geraten wird, um damit Geld zu verdienen. Eine Beratungsstelle, die einen gültigen Schein über eine stattgefundene Beratung ausstellen will, muss vom Sozialministerium genehmigt sein.[1]

5. Hier wird erwartet, dass die Schüler ihre Position mit guten Argumenten untermauern.

Die Position des Judentums (S. 32)

1. Hier sind verschiedene Positionen zu erwähnen:
   Zum einen finden sich im Alten Testament eindeutige Belege, die eine Abtreibung verbieten. Der Talmud hingegen betrachtet einen Embryo bis zum 40. Tag der Schwangerschaft nicht als menschliches Wesen, sodass man auch nicht von einer Kindstötung sprechen kann, wenn man bis zu diesem Termin die Schwangerschaft abbricht.
   Im medizinischen Konfliktfall, dass man bei der Schwangerschaft oder Geburt entscheiden muss, ob das Kind oder die Mutter einen höheren Stellenwert genießt, ist hier die Mutter im Vorteil.

2. Da das Judentum eine stark von Schriftauslegung geprägte Religion ist, können dieselben Texte im Laufe der Jahrhunderte verschieden ausgelegt werden, was auch dazu führt, dass es verschiedene Lehrmeinungen und deren Anhängerschaften gibt. Ferner erfordern neue technische Errungenschaften immer neue Überlegungen zur Schrift und deren Auslegung.

3. Mögliche Schwierigkeiten und Probleme können auftauchen, wenn die Schriftauslegung sich nur nach aktuellen Bedürfnissen richtet. Dann wird man immer eine Strömung in einer Religion finden, die die eigene präferierte Meinung unterstützt, und die Unterstützung des alltäglichen Lebens durch die Schrift wird ad absurdum geführt.
   Ein Vorteil in ständig aktueller Schriftauslegung könnte allerdings darin liegen, dass man gezwungen ist, sich ständig mit technischen Entwicklungen auseinanderzusetzen und Antworten auf offene Fragen zu finden, sodass eine Religion nie „unmodern“ und „altmodisch“ werden kann.

[1] Quelle: www.wikipedia.de, Stichwort: Schwangerschaftskonfliktberatung, abgerufen am 02.01.2011.

Die Position des Islam (S. 33)

1. Auch der Islam (wie das Judentum) räumen einem Fötus bis zu einem gewissen Zeitpunkt (hier sind es 42 Tage nach der Empfängnis) nicht den Wert menschlichen Lebens ein. Der Islam spricht von einer Unbeseeltheit. Eine Abtreibung bis zu diesem Tage ist also relativ problemlos möglich.
   Anschließend spalten sich die Gelehrtenmeinungen: Während einige auch bis zum 120. Schwangerschaftstag noch kein menschliches Leben in einem Embryo sehen, so erlauben andere Strömungen eine Abtreibung nur nach der Bestätigung eines muslimischen Arztes, dass die Mutter unter der Schwangerschaft leidet.
   Nach 120 Tagen ist eine Abtreibung nur bei starker Gefährdung der werdenden Mutter erlaubt.

2. Eine Überlieferung Muhammeds, die den Embryo in den ersten 40 Tagen als Samentropfen, dann ebenso lange als Blutklumpen, dann ebenso lange als Fleischklumpen bezeichnet, bildet die Grundlage für diese Haltung.

3. Hier können die Schüler ihre Meinung individuell vertreten, da es sich um eine Wertung handelt. Zumindest für die Begründung dieser Haltung erscheint die Einteilung nicht zwingend sinnvoll, da sie medizinisch eindeutig widerlegt ist und es diese drei mal 40 Tage nicht gibt.

4. Hier lassen sich anschauliche Informationen finden unter:
   http://www.embryology.ch/carnegie/carnegiede.html?number=10

   Weitere passende Informationen auch sehr übersichtlich unter:
   http://de.wikipedia.org/wiki/Embryogenese

Abtreibung – Was ist das?

Das Wort „Abtreibung“ ist eine negativ konnotierte Bezeichnung eines Schwangerschaftsabbruchs. Das bedeutet, dass eine Frau ihre Schwangerschaft abbricht, bevor das zu gebärende Kind aus eigenen Kräften lebensfähig wäre.
Gründe dafür gibt es viele, z. B.:

- Das Kind ist nicht gewollt (der sogenannte „Unfall“).
- Das Kind hat mit hoher Wahrscheinlichkeit eine schwere Krankheit.
- Die Eltern leben in sehr schwierigen Verhältnissen, sodass sie es sich nicht vorstellen können, ein Kind großzuziehen.
- Das Kind ist die Folge einer sexuellen Handlung gegen den Willen der Frau.

Entscheidet sich eine Frau wirklich dazu, die Schwangerschaft abzubrechen, dann stehen ihr verschiedene Möglichkeiten zur Verfügung:

❶ Absaugmethode
In einer Operation wird ein Röhrchen in die Gebärmutter eingeführt und der Fruchtsack, in dem sich der Embryo befindet, und die Schleimhaut der Gebärmutter werden abgesaugt. Diese Methode ist die in Deutschland mit Abstand am häufigsten eingesetzte Methode, eine Schwangerschaft zu beenden.

❷ Ausschabung
Die Curette, ein löffelartiges Instrument, wird in die Gebärmutter eingeführt und der Fruchtsack mitsamt der Gebärmutterschleimhaut herausgeschabt. Diese Methode ist durch die Absaugmethode fast gänzlich verdrängt worden und wird nur noch in seltenen Fällen eingesetzt.

❸ Medikamentöser Abbruch
Durch die Einnahme von Medikamenten wird erreicht, dass sich der Muttermund öffnet, die Gebärmutter zusammenzieht und die Gebärmutterschleimhaut mitsamt dem Fruchtsack und dem darin enthaltenen Embryo ausgestoßen wird. Diese Methode darf nur in den ersten neun Wochen einer Schwangerschaft eingesetzt werden.

Risiken
Auch wenn die dargestellten Methoden recht einfach klingen, so sind die Risiken für die Frau nicht zu vernachlässigen. Zwar ist es äußerst unwahrscheinlich, bei einem derartigen Eingriff zu sterben, aber bei folgenden Schwangerschaften gibt es eine signifikant höhere Rate an Früh- und Totgeburten.
Neben den körperlichen Risiken sind auch die seelischen Belastungen zu erwähnen. Aktuelle Studien zeigen zwar, dass ein Schwangerschaftsabbruch nicht zwingend negative Folgen für die Psyche der Frau haben muss. Ganz im Gegenteil gewinnen viele Frauen sogar an Stärke nach einer Abtreibung, so fühlen sie sich oft selbstsicherer. Aber dennoch sollte man sich bewusst sein, dass eine Abtreibung oft auch eine Gewissensentscheidung ist und in manchen Fällen schwere Schuldgefühle mit sich bringen kann.

Vergleiche die dargestellten Methoden des Schwangerschaftsabbruchs.
Welche Methode findest du bei erster Betrachtung am unkompliziertesten?

Rechtliche Grundlagen in Deutschland

Strafgesetzbuch, § 218: Schwangerschaftsabbruch

(1) Wer eine Schwangerschaft abbricht, wird mit Freiheitsstrafe bis zu drei Jahren oder mit Geldstrafe bestraft. Handlungen, deren Wirkung vor Abschluss der Einnistung des befruchteten Eies in der Gebärmutter[2] eintritt, gelten nicht als Schwangerschaftsabbruch im Sinne dieses Gesetzes.

(2) In besonders schweren Fällen ist die Strafe Freiheitsstrafe von sechs Monaten bis zu fünf Jahren. Ein besonders schwerer Fall liegt in der Regel vor, wenn der Täter
1. gegen den Willen der Schwangeren handelt oder
2. leichtfertig die Gefahr des Todes oder einer schweren Gesundheitsschädigung der Schwangeren verursacht.

(3) Begeht die Schwangere die Tat, so ist die Strafe Freiheitsstrafe bis zu einem Jahr oder Geldstrafe.

(4) Der Versuch ist strafbar. Die Schwangere wird nicht wegen Versuchs bestraft.

§ 218a Straflosigkeit des Schwangerschaftsabbruchs

(1) Der Tatbestand des § 218 ist nicht verwirklicht, wenn
1. die Schwangere den Schwangerschaftsabbruch verlangt und dem Arzt durch eine Bescheinigung [...] nachgewiesen hat, dass sie sich mindestens drei Tage vor dem Eingriff hat beraten lassen,
2. der Schwangerschaftsabbruch von einem Arzt vorgenommen wird und
3. seit der Empfängnis nicht mehr als zwölf Wochen vergangen sind.

(2) Der mit Einwilligung der Schwangeren von einem Arzt vorgenommene Schwangerschaftsabbruch ist nicht rechtswidrig, wenn der Abbruch der Schwangerschaft unter Berücksichtigung der gegenwärtigen und zukünftigen Lebensverhältnisse der Schwangeren nach ärztlicher Erkenntnis angezeigt ist, um eine Gefahr für das Leben oder die Gefahr einer schwerwiegenden Beeinträchtigung des körperlichen oder seelischen Gesundheitszustandes der Schwangeren abzuwenden, und die Gefahr nicht auf eine andere für sie zumutbare Weise abgewendet werden kann.

(3) [Zusammenfassung durch AH] Wenn nachgewiesenermaßen die Frau sexuell misshandelt wurde und die Schwangerschaft mit großer Wahrscheinlichkeit auf diese Misshandlung zurückzuführen ist, dann ist der Schwangerschaftsabbruch ebenfalls straffrei, wenn er bis zur 12. Schwangerschaftswoche durchgeführt wird.

(4) [hier weggelassen]

1. Überlege, wie der Staat grundsätzlich zum Schwangerschaftsabbruch steht! Begründe deine Meinung!
2. Fasse mit eigenen Worten zusammen, unter welchen Bedingungen ein Schwangerschaftsabbruch straffrei bleibt!
3. Welche Rechte hat der Vater des Kindes nach diesem Gesetz, wenn es um das Thema Schwangerschaftsabbruch geht?
4. Hat der Staat deiner Meinung nach das Recht, sich in diese persönliche Angelegenheit der Frau einzumischen, oder sollte es nicht jeder Frau selbst überlassen bleiben, ob sie abtreibt oder nicht?

[2] Die Einnistung ist in der Regel mit Ende der zweiten Schwangerschaftswoche abgeschlossen.

Die Position der katholischen Kirche

Im II. Vatikanischen Konzil hat das Konzilskollegium in der Verlautbarung „Gaudium et Spes" von 1965 im Absatz 51 folgenden Text festgehalten:

51. Die eheliche Liebe und der Fortbestand des menschlichen Lebens

Das Konzil weiß, dass die Gatten in ihrem Bemühen, das Eheleben harmonisch zu gestalten, oft durch mancherlei Lebensbedingungen der heutigen Zeit eingeengt sind und sich in einer Lage befinden, in der die Zahl der Kinder – mindestens zeitweise – nicht vermehrt werden kann und der Vollzug treuer Liebe und die volle Lebensgemeinschaft nur schwer gewahrt werden können. Wo nämlich das intime eheliche Leben unterlassen wird, kann nicht selten die Treue als Ehegut in Gefahr geraten und das Kind als Ehegut in Mitleidenschaft gezogen werden; denn dann werden die Erziehung der Kinder und auch die tapfere Bereitschaft zu weiteren Kindern gefährdet.
Manche wagen es, für diese Schwierigkeiten unsittliche Lösungen anzubieten, ja sie scheuen selbst vor Tötung nicht zurück. Die Kirche aber erinnert daran, dass es keinen wahren Widerspruch geben kann zwischen den göttlichen Gesetzen hinsichtlich der Übermittlung des Lebens und dem, was echter ehelicher Liebe dient.
Gott, der Herr des Lebens, hat nämlich den Menschen die hohe Aufgabe der Erhaltung des Lebens übertragen, die auf eine menschenwürdige Weise erfüllt werden muss. Das Leben ist daher von der Empfängnis an mit höchster Sorgfalt zu schützen. Abtreibung und Tötung des Kindes sind verabscheuenswürdige Verbrechen. Die geschlechtliche Anlage des Menschen und seine menschliche Zeugungsfähigkeit überragen in wunderbarer Weise all das, was es Entsprechendes auf niedrigeren Stufen des Lebens gibt. Deshalb sind auch die dem ehelichen Leben eigenen Akte, die entsprechend der wahren menschlichen Würde gestaltet sind, zu achten und zu ehren. [...]

Die Enzyklika „Evangelium vitae" von 1995 bietet folgenden Absatz (Nr. 62):

Die *Rechtsordnung der Kirche* hat von den ersten Jahrhunderten an über jene, die sich der Abtreibung schuldig machten, Strafsanktionen verhängt. Diese Praxis mit mehr oder weniger schweren Strafen wurde in den verschiedenen Abschnitten der Geschichte bestätigt.
[...] Mit der Autorität, die Christus Petrus und seinen Nachfolgern übertragen hat, erkläre ich deshalb in Gemeinschaft mit den Bischöfen — die mehrfach die Abtreibung verurteilt und, obwohl sie über die Welt verstreut sind, bei der eingangs erwähnten Konsultation dieser Lehre einhellig zugestimmt haben —, dass die *direkte, das heißt als Ziel oder Mittel gewollte Abtreibung immer ein schweres sittliches Vergehen darstellt, nämlich die vorsätzliche Tötung eines unschuldigen Menschen.* Diese Lehre ist auf dem Naturrecht und auf dem geschriebenen Wort Gottes begründet, von der Tradition der Kirche überliefert und vom ordentlichen und allgemeinen Lehramt der Kirche gelehrt.
Kein Umstand, kein Zweck, kein Gesetz wird jemals eine Handlung für die Welt statthaft machen können, die in sich unerlaubt ist, weil sie dem Gesetz Gottes widerspricht, das jedem Menschen ins Herz geschrieben, mit Hilfe der Vernunft selbst erkennbar und von der Kirche verkündet worden ist.

1. Wie steht die katholische Kirche zum Schwangerschaftsabbruch?
2. Wie begründet die katholische Kirche ihre Position?
3. Erkundige dich, welche Strafsanktionen die Kirche bei Abtreibung verhängt! Du findest diese entweder im kompletten Text der Enzyklika „Evangelium vitae" im Absatz 62 oder im aktuellen CIC (Codex Iuris Canonici, 1983), Canon 1398.
4. Kannst du dich der Position der katholischen Kirche anschließen? Untermauere deine Entscheidung mit Argumenten!

Die Position der protestantischen Kirche

Aus einem Referat von Hermann Barth aus dem Jahre 2001, anlässlich des Kirchenjuristentags in Eisenach:

In den vergangenen Jahrzehnten hat sich die evangelische Kirche mehrfach zu den ethischen Fragen des Schwangerschaftsabbruchs öffentlich geäußert [...]. Die jüngste ausführliche Stellungnahme ist die am 20. Juni 1991 veröffentlichte „Erklärung des Rates der Evangelischen Kirche in Deutschland (EKD) und der Konferenz der Evangelischen Kirchenleitungen des Bundes der Evangelischen Kirchen (BEK) in der ehemaligen DDR zur Diskussion um die rechtliche Regelung des Schwangerschaftsabbruchs". [...] Die Erklärung von 1991 ist die bündige und in der Sache bis heute nicht überholte Zusammenfassung der evangelischen Position zum Schwangerschaftsabbruch. Dies soll an ihren Spitzenaussagen verdeutlicht werden:

„Anderes menschliches Leben, und so auch das Leben eines ungeborenen Kindes, darf nicht angetastet werden. Das Selbstbestimmungsrecht von Menschen begründet kein Verfügungsrecht über das Leben eines anderen Menschen [...]. Schwangerschaftsabbruch ist Tötung menschlichen Lebens. Er steht im Widerspruch zum Gebot Gottes: ‚Du sollst nicht töten'. Ein Recht auf Abtreibung kann und darf es nicht geben." In diesen Formulierungen wird mit aller Klarheit zum Ausdruck gebracht, dass im Schwangerschaftskonflikt nicht, wie es manchmal fälschlich dargestellt wird, Leben gegen Leben steht. Bei einer solchen Sichtweise werden in einer unzulässigen Weise das Lebensrecht des ungeborenen Kindes und Veränderungen in den Lebensumständen der schwangeren Frau auf dieselbe Ebene gestellt. Selbstbestimmung findet ihre Grenze am Lebensrecht des anderen. [...]

„Letztlich hängt [...] alles davon ab, dass die schwangere Frau selbst das in ihr heranwachsende neue Menschenleben annimmt. Ihr Ja zu dem ungeborenen Kind kann nicht ersetzt oder vertreten werden." [...]

[Der folgende Absatz spielt auf die Schwangerschaftskonfliktberatung an. Eine solche Beratung ist für eine Frau, die einen Abbruch vornehmen möchte, nötig, um dies straffrei tun zu dürfen. Die katholische Kirche ist am 1. Januar 2001 aus dieser Beratung ausgestiegen, da sie nicht dazu beitragen wollte, Frauen eine Abtreibung zu ermöglichen, wenn diese nicht ihre wahren Gründe für den Abbruch nennen. Es ist nämlich lediglich nötig, an einer Beratung teilgenommen zu haben. Über den Inhalt des Gesprächs gibt es keine Vorschriften.]

„Die Beratung dient dem Schutz des ungeborenen Lebens. Sie hat sich von dem Bemühen leiten zu lassen, die Frau zur Fortsetzung der Schwangerschaft zu ermutigen und ihr Perspektiven für ein Leben mit dem Kind zu eröffnen; sie soll ihr helfen, eine verantwortliche und gewissenhafte Entscheidung zu treffen. Dabei muss der Frau bewusst sein, dass das Ungeborene in jedem Stadium der Schwangerschaft auch ihr gegenüber ein eigenes Recht auf Leben hat und dass deshalb nach der Rechtsordnung ein Schwangerschaftsabbruch nur in Ausnahmesituationen in Betracht kommen kann, wenn der Frau durch das Austragen des Kindes eine Belastung erwächst, die so schwer und außergewöhnlich ist, dass sie die zumutbare Opfergrenze übersteigt. Die Beratung soll durch Rat und Hilfe dazu beitragen, die in Zusammenhang mit der Schwangerschaft bestehende Konfliktlage zu bewältigen und einer Notlage abzuhelfen."

1. Wie steht die protestantische Kirche zum Schwangerschaftsabbruch?
2. Wie begründet die protestantische Kirche ihre Position?
3. Wie wird die Aktivität in der Schwangerschaftskonfliktberatung gerechtfertigt?
4. Erkundige dich, was es mit der Schwangerschaftskonfliktberatung auf sich hat! Entsprechende Informationen bietet das Internet.
5. Begründe, warum du dich der Position der protestantischen Kirche (nicht) anschließen kannst!

Die Position des Judentums

Die Position des Judentums zu dieser Frage ist nicht eindeutig zu klären. Es gibt hier zahlreiche verschiedene Interpretationen, welche eine definitive Festlegung auf eine einzige Position zum Schwangerschaftsabbruch nicht zulassen.

Im Alten Testament stellen sich die Juden eindeutig gegen eine Kindstötung in Form der Abtreibung. Im Moloch-Kult war diese Handlung wohl eher verbreitet, an etlichen Stellen in der Bibel wird das aber nicht für gut befunden (z. B. Lev 18,21; 2 Kön 23,10; Jer 32,35 u.a.).

Andererseits wird der Embryo im Talmud (eine der bedeutendsten Schriften des Judentums, in der die Gesetze und Vorschriften praxisnah ausgelegt werden) bis zum 40. Tag der Schwangerschaft lediglich als „Wasser" bezeichnet (Jewamot 7,6). Zugleich aber gilt auch das Gebot, fruchtbar zu sein und sich zu vermehren, wie man es in der Schöpfungsgeschichte vorfindet. Trotzdem liest man an anderer Stelle im Talmud: „Der Fötus ist die Lende der Mutter" (Chullin 58a; Gittin 23b).

Sollte es aber Schwierigkeiten bei der Geburt geben, so ist die Mutter eher zu schützen als das Kind: „Wenn die Frau Schwierigkeiten bei der Niederkunft hat, zerschneide man den Fötus in ihrem Inneren und ziehe ihn Teil für Teil heraus, denn ihr Leben gilt mehr als seines. Wenn der größere Teil geboren ist, berühre man ihn nicht, denn ein Leben darf nicht für ein anderes Leben beseitigt werden" (Ohalot 7,6).

Bedeutende Rabbiner haben allerdings die Gefahr, in der sich eine Frau befinden muss, je anders definiert, sodass die Anforderungen für eine Abtreibung dementsprechend höher oder niedriger angesiedelt sind.

1. Wie steht das Judentum zum Schwangerschaftsabbruch?
2. Wie kann es zu Argumenten kommen, die sich im Grunde widersprechen?
3. Welche Schwierigkeit siehst du im Falle des Schwangerschaftsabbruchs darin, dass im Judentum viele Regeln und Gesetze nach aktuellen Auslegungen definiert und auch stark geändert werden können?

Die Position des Islam

Der Koran bezieht hier eine ganz klare Stellung:
„Und tötet eure Kinder nicht aus Furcht vor Armut; Wir sorgen für sie und für euch. Wahrlich, sie zu töten, ist ein großer Fehler." (17,31)
Auch die Abtreibung kann man selbstverständlich als die Tötung eines Kindes sehen.

Ansonsten wird die Abtreibung in verschiedene Stufen unterteilt:

1. STUFE:
Die Schwangerschaft unter 42 Tagen
Nach der Mehrheit der Gelehrten besitzt der Fötus in diesem Stadium noch keine Seele. Obwohl die Abtreibung nach der oben stehenden Koranstelle grundsätzlich verboten ist, kann sie dann erlaubt werden, wenn eine Gefahr für die Mutter besteht.

2. STUFE:
Die Schwangerschaft zwischen 42 Tagen und 120 Tagen
Bei dieser Stufe sind die Gelehrtenmeinungen geteilt:
Manche meinen, dass diese Stufe identisch mit der Stufe 1 ist. Andere wiederum sind der Ansicht, dass man nun zunächst die Bescheinigung eines Arztes benötigt, dass die Mutter schwerwiegend an der Schwangerschaft leidet. Es dürfen nur muslimische Ärzte eine solche Bescheinigung ausstellen, da man bei Nichtmuslimen Zweifel haben könnte, ob sie mit muslimischen Ansichten und Anforderungen konform gehen.

3. STUFE:
Die Schwangerschaft nach mehr als 120 Tagen
Nur unter einer Bedingung ist ein Schwangerschaftsabbruch noch erlaubt: Wenn die Frau mit ziemlicher Sicherheit bei einer Fortführung der Schwangerschaft sterben würde. Die Frau genießt also ein Vorrecht vor dem noch ungeborenen Kind.
Dies lässt sich damit erklären, dass die Mutter schon eine erwachsene Person ist, die sich in ihr Umfeld integriert hat und für ihre Familienmitglieder wichtig ist. Weiterhin ist das Überleben eines Kindes weniger wahrscheinlich als das Weiterleben der Mutter.

Die Einteilung in die drei Stufen erklärt sich mit einer Überlieferung des Propheten Muhammed:
„Die Schöpfung eines jeden von euch wird im Leibe seiner Mutter in vierzig Tagen als Samentropfen zusammengebracht, danach ist er ebenso lang ein Blutklumpen, danach ist er ebenso lang ein kleiner Klumpen Fleisch, dann wird zu ihm der Engel gesandt, der ihm den Lebensgeist einhaucht."

1. Wie steht der Islam zum Schwangerschaftsabbruch?
2. Wie begründet der Islam seine Haltung?
3. Scheint dir die Einteilung in die drei Stufen sinnvoll?
4. Informiere dich, wie sich der Embryo im Verlauf der Schwangerschaft entwickelt, und vergleiche das Ergebnis mit der Aussage Muhammeds!

4. Ehescheidung

a. Zum Thema
Das Thema Ehescheidung ist aktueller denn je. Viele der Schüler sind entweder selbst sog. Scheidungskinder oder haben in ihrem Bekannten- und Freundeskreis betroffene Menschen. Für diese Schüler ist es sicherlich interessant, zu erfahren, wie denn die Religionen zu diesem Thema stehen. Auch wenn man darauf gefasst sein muss, dass die Reaktionen unter Umständen ablehnend sind. Diese Ablehnung gilt es, aufzufangen und im Religionsunterricht als Diskussionsanlässe zu nutzen.

b. Das Material
Zu Beginn finden sich Statistiken zu Eheschließungen und Scheidungen in Deutschland. Diese Zahlen sind zuverlässig seit 1950 geführt. Zur Veranschaulichung wird auch eine Grafik angeboten, die sehr gut zeigt, wie sich Eheschließungen und Scheidungen zueinander verhalten.

c. Lösungsvorschläge und Erklärungen

Ehescheidung – ein ganz normales Phänomen? (S. 39)

Auf diesem Arbeitsblatt finden die Schüler sowohl die Beschreibung, wie eine Ehescheidung in Deutschland nach aktuellen rechtlichen Grundlagen abläuft. Weiterhin finden sie aktuelle Zahlen (die letzten Zahlen stammen aus dem Jahre 2008) zu Eheschließungen und Scheidungen.
Auch wenn die Zahlen seit den fünfziger Jahren jährlich exakt vorliegen, habe ich hier die ersten 40 Jahre in Sprüngen von je 10 Jahren angegeben. Ab dem Jahr 2000 fließen die jährlichen Zahlen in die Tabelle mit ein. Sie sollten also erklären, warum in den ersten vier Jahrzehnten größere Zahlensprünge als in den letzten acht angegebenen Jahren zu finden sind. Dies gilt nicht für die Grafik der folgenden Folie (siehe Beschreibung zur Folie).

1. Hier können zahlreiche verschiedene Gründe angeführt werden. Mögliche Angaben sind:
   - Die Eheleute haben sich auseinandergelebt und verschiedene Interessen entwickelt.
   - Es gibt im Laufe der Zeit verschiedene Ansichten über wichtige Fragen, die ein Zusammenleben unmöglich machen.
   - Krankheiten, besondere Ereignisse ... haben gravierenden Einfluss auf die Ehe genommen, sodass ein Zusammenleben nicht mehr möglich erscheint.
   - Mann/Frau verliebt sich in eine andere Person.
   - Es wird aufgedeckt, dass ein Ehepartner keine ehrlichen Absichten bei der Hochzeit hatte.
   - (Zahlreiche weitere Gründe sind denkbar.)

2. Auch hier sind verschiedene Meinungen zu erwarten, die alle begründet dargelegt werden sollen.
   Insgesamt kann am aktuellen Scheidungsprozedere festgehalten werden, dass es zeitaufwendig und stark institutionalisiert ist. Bis zu drei Jahren kann es dauern, bis eine Ehe geschieden wird. Wenn sich beide Partner einig sind, dann dauert es immerhin ein ganzes Jahr, welches getrennt eingehalten werden muss, bevor eine Scheidung vollzogen wird.

Grafik: Eheschließungen und Scheidungen in Deutschland (Folie) (S. 40)

Die Grafik zeigt den Verlauf der Eheschließungen und Scheidungen. Der Graph der Eheschließungen beginnt bei ~ 700.000/a, der Graph der Ehescheidungen bei ~ 85.000/a.
Es wurden alle Zahlen der Jahre 1960–2008 berücksichtigt.

1. Zur Eheschließung:
   Dieser Graph beginnt bei rund 700.000 Ehen, die pro Jahr geschlossen werden, und nimmt – auf die komplette Zeitspanne gesehen – einen stetig abwärts gerichteten Verlauf, bis im Jahr 2008 ungefähr die Zahl 385.000 erreicht ist. Die Zahl der geschlossenen Ehen hat sich also in knapp 50 Jahren fast halbiert. Eine bemerkenswerte Abweichung ergibt sich von 1978 bis 1990: In diesen Jahren steigt die Zahl der Eheschließungen an oder bleibt zumindest relativ konstant. Anschließend fällt der Graph fast kontinuierlich bis 2008.

   Zur Scheidung:
   Hier beginnt der Graph bei ~ 75.000 Scheidungen pro Jahr, das sind – ins Verhältnis gesetzt – etwas mehr als 10 % der Eheschließungen. Es werden also zehn Mal mehr Ehen geschlossen als geschieden.
   Mit wenigen Ausnahmen steigt dieser Graph bis zum Jahr 2008 auf knapp 200.000 Scheidungen pro Jahr. Das entspricht knapp einer Verdreifachung seit 1960.
   An drei Stellen im Verlauf des Graphen sinkt die Zahl der Scheidungen für kurze Zeit: 1977 und 1978, 1989–1992 und 2005–2007.

   Setzt man die beiden Graphen ins Verhältnis, so laufen sie konträr zueinander. Zu Beginn, im Jahre 1960, ist die Zahl der Eheschließungen zehn Mal so hoch wie die Zahl der Scheidungen, im Jahr 2008 stehen sie sich im Verhältnis 2:1 gegenüber. Es werden also nur noch doppelt so viele Ehen geschlossen wie geschieden.

   Anmerkung: Aus der Grafik kann nicht herausgelesen werden, wie lange Ehen Bestand haben. Es wäre also eine falsche Schlussfolgerung, zu behaupten, dass die Hälfte der geschlossenen Ehen im selben Jahr wieder geschieden wird. Die Scheidungen können Ehen betreffen, die seit Jahrzehnten bestehen.

2. Die hohe Zahl der Eheschließungen zu Beginn der Grafik lässt sich so erklären, dass es lange Zeit üblich war, dass Mann und Frau nur als Ehepartner gemeinsam leben konnten. Es bedurfte nach den moralischen Vorstellungen der Bevölkerung einer gesetzlichen und/oder kirchlichen Absegnung für ein Zusammenleben. Bei Paaren, die unverheiratet zusammenlebten, sprach man von „Wilder Ehe", eine Bezeichnung, die Rückschlüsse auf die negative Wertung dieser Lebensform zulässt.
   Hieraus erklärt sich auch die geringe Zahl der Scheidungen, denn diese galten als verpönt und unüblich. Ferner muss darauf hingewiesen werden, dass es aus finanziellen Gründen für Frauen sehr schwierig gewesen sein dürfte, sich scheiden zu lassen, da sie oft keine qualifizierten Berufe erlernten und ihre gesamte Arbeitskraft im Haushalt einbringen mussten.

   Im Laufe der Jahre haben sich die Ansichten liberalisiert und die Moralvorstellungen sind lockerer geworden, sodass ein Trauschein keine zwingende Voraussetzung mehr dafür ist, dass Mann und Frau zusammenleben. Auch für den Kinderwunsch wird ein Ledigsein nicht als Hindernis angesehen.

Für die steigende Zahl der Scheidungen kann man als Gründe vermuten, dass es zum einen nicht mehr verpönt ist, sich scheiden zu lassen, und dass auch die finanzielle Abhängigkeit der Partner voneinander wesentlich geringer ist als in den fünfziger bis siebziger Jahren.
Für die in der Tendenz abweichenden Jahre sowohl im Bereich der Scheidungen als auch der Eheschließungen kann ich keine nachvollziehbare Erklärung liefern.

3. Hier ist es wieder den Schülern überlassen, die jeweiligen Trends zu bewerten und diese Wertung zu begründen.

Die Position der katholischen Kirche (S. 41)

1. Die Ehe ist auf Ewigkeit angelegt, deshalb sind Ehescheidungen für die katholische Kirche ausgeschlossen.

2. Die Ehe wird von Gott verbunden, ist also für den Menschen unauflöslich. Ferner versprechen sich die Ehepartner in ihrem Eheversprechen, dass ihre Ehe auf ihr gesamtes Leben ausgerichtet ist, dies zeigt der Ausspruch: „Bis dass der Tod uns scheidet“/„solange ich lebe“.
Nach dem Katechismus, also den Glaubensgrundsätzen der katholischen Kirche, wird das Verbot dadurch begründet, dass Jesus bei seiner Lehre anderslautende Gebote aufgehoben habe, dass Scheidungen die Gesellschaftsordnung zerstören und die Kinder leiden lassen.

3. Scheidung im Sinne der Kirche gibt es eigentlich nicht. Da die zivile Scheidung nicht als solche anerkannt wird, sind zivil Geschiedene in den Augen der Kirche immer noch verheiratet. Sollten sie sich also in neue Beziehungen begeben, so begehen sie Ehebruch.
Sollte eine Ehe also nicht mehr funktionieren und zivil geschieden sein, so verlangt die Kirche, dass die Ehepartner enthaltsam leben und sich keine neuen Partner suchen. Sollte dies doch der Fall sein, so dürfen die „Ehebrecher“ nicht die Kommunion empfangen und bestimmte Dienste in der Kirche nicht ausführen. Sie sind in gewissen Bereichen wie Ausgestoßene.

4. Die Schüler sollen begründet Stellung beziehen zu dieser Position der katholischen Kirche. Es ist zu erwarten, dass hier kontroverse Diskussionen stattfinden und die meisten der Schüler der katholischen Ansicht widersprechen werden.

5. Es lassen sich durchaus Gründe finden, in denen unter Umständen eine Scheidung für alle Beteiligten einfacher ist. Mögliche Argumente für eine Scheidung wären:
   - Anwendung von Gewalt in der Familie (z. B. Schläge, Vergewaltigung, ...)
   - Ständiger Streit, der ein harmonisches Zusammenleben nicht mehr ermöglicht; hier kann eine Trennung sogar vorteilhaft für die Kinder sein
   - Krankheit, die ein Zusammenleben unmöglich erscheinen lässt (z. B. Drogenkonsum eines Ehepartners, Alkoholismus, ...)

Die Position der protestantischen Kirche (S. 42)

1. Scheidungen sind nicht zu befürworten und zu unterstützen, aber sie werden geduldet.

2. Es finden sich im Neuen Testament auch Textstellen, die darauf hinweisen, dass Ehescheidungen vereinzelt geduldet wurden. Luther definierte die Ehe zudem als weltlich, also nicht zwingend für die Ewigkeit geschlossen, sondern nur für das weltliche Leben. Da der Mensch kein vollkommenes Wesen ist, sondern Fehler und Eigenheiten hat und sich häufig irrt, so kann er

auch beim Schließen einer Ehe irren oder durch seine Fehler ein Fortbestehen der Ehe unmöglich machen. Deshalb dürfen Eheleute, die sich scheiden lassen, nicht verurteilt werden.
Es kann sogar notwendig sein, sich scheiden zu lassen, um einen Hauch von Selbstachtung zu wahren. Denn wer sich selbst achtet, der kann auch respektieren, dass verschiedene Dinge im Leben scheitern und nicht alles perfekt funktioniert.

3. Im Gegensatz zur katholischen Kirche, welche mit den Geschiedenen hart ins Gericht geht und sie sogar von der Kommunion ausschließt, ist man in der protestantischen Kirche der Ansicht, dass Unterstützung geboten werden muss. Da es unzählbar viele Gründe für eine Trennung gibt, ist es oft nicht damit getan, die Trennung auch zu vollziehen, sondern die Betroffenen müssen aufgefangen werden, man muss ihnen Beistand gewähren. Hier hält die protestantische Kirche Angebote bereit, um genau in diesen Situationen da zu sein.

4. Die Schüler sollen begründet Stellung beziehen zu dieser Position der protestantischen Kirche. Es ist zu erwarten, dass hier weniger kontroverse Diskussionen stattfinden, als dies bei der Position der katholischen Kirche der Fall wäre.

Die Position des Judentums (S. 43)

1. Ehescheidungen sind möglich, wenn man sich an vorgegebene Formalismen hält. Es wird neutral zur Kenntnis genommen, dass natürlich nicht jede Ehe erfolgreich und glücklich verlaufen kann. Deshalb zwingt man niemanden dazu, in einer unglücklichen Ehe zu leben.

2. Die Initiative muss vom Mann ausgehen, er braucht als Zeugen ein Zehnmännerkollegium und ein Rabbinatskollegium. Er muss einen Scheidungsbrief auf seinem eigenen Papier mit eigener Tinte und eigener Feder verfassen, dafür muss er zwölf Zeilen verwenden und in die dreizehnte Zeile die Zeugen unterschreiben lassen. Bei verschiedenen jüdischen Strömungen ist das Einverständnis der Frau notwendig, bei den meisten Juden allerdings nicht.

3. Hier können verschiedene Punkte angeführt werden. Mögliche Argumente sind:
   Vorteile:
   - Es gibt ein strenges Reglement, man benötigt niemanden, der hier Verfahrenshilfe betreibt.
   - Das Verfahren ist so überschaubar, um es ohne Komplikationen durchzuführen, aber doch aufwendig genug, um eine Scheidung nicht aus einer spontanen Idee heraus zu vollziehen.

   Nachteile:
   - Der Mann muss immer die Initiative ergreifen, nicht die Frau.
   - Die angegebenen Punkte, wenn der Mann beispielsweise nicht mehr verfügbar ist, bringen komplizierte Verfahren mit sich.

4. Hier soll ein begründetes Urteil abgegeben werden. Es ist zu erwarten, dass die Schüler über dieses Prozedere nach jüdischem Ritus etwas verwundert sind, da es streng rituell abläuft und sich von den hiesigen Bräuchen stark unterscheidet.

Die Position des Islam (S. 44)

1. Ehescheidungen sind sowohl auf Initiative der Frau (allerdings nur unter gewissen Umständen) wie auch auf Initiative des Mannes möglich, aber nicht gerne gesehen. Zunächst setzt man sehr stark auf Vermittlung und Kompromisse.

2. Zunächst wird bei einer Ehekrise eine Vermittlung versucht, hierbei helfen Familienangehörige. Sollte dies nicht fruchten, so wird vom Mann drei Mal die Scheidungsformel ausgesprochen. Hier müssen aber bestimmte Zeitabstände eingehalten werden, um eine Schwangerschaft der Frau auszuschließen. Die Frau soll nicht alleine mit Kind, aber ohne Mann zurechtkommen müssen.

3. Der Mann befindet sich in einer wesentlich besseren Position als die Frau, da die Frau nur in bestimmten Situationen das Recht hat, die Ehe scheiden zu lassen. Beim Mann findet keine Einschränkung der Umstände statt.

4. Hier soll ein begründetes Urteil abgegeben werden. Es ist zu erwarten, dass die Schüler über dieses Prozedere nach moslemischem Ritus etwas verwundert sind, da es streng rituell abläuft und sich von den hiesigen Bräuchen stark unterscheidet.
   Ferner dürfte kritisiert werden, dass der Frau hier wesentlich weniger Rechte zukommen als dem Mann.

Ehescheidung – ein ganz normales Phänomen?

Obwohl sich viele Paare vor dem Traualtar (und dem Standesbeamten) das Versprechen geben, bis zum Tode einander treu zu sein und sich in guten wie in schlechten Tagen beizustehen, ist die Rate der Scheidungen in der Tendenz doch stetig steigend. Das Statistische Bundesamt hat die Zahlen seit 1950 erfasst, eine kleine Auswahl ist hier zu finden:

Jahr	Eheschließungen	Ehescheidungen
2008	377 055	191 948
2007	368 922	187 072
2006	373 681	190 928
2005	388 451	201 693
2004	395 992	213 691
2003	382 911	213 975
2002	391 963	204 214
2001	389 591	197 498
2000	418 550	194 408
1990	516 388	154 786
1980	496 603	141 016
1970	575 233	103 927
1960	689 028	73 418

Scheidungen sind in Deutschland seit 1875 möglich. In diesem Jahr wurde auch die Zivilehe eingeführt, d.h. man schließt seitdem die rechtsgültige Ehe vor einem Standesbeamten, nicht mehr zwingend vor einem Pfarrer.
Die Ehe gilt auch im deutschen Recht lebenslang, es sei denn, sie wird geschieden oder aufgelöst, was nur durch ein richterliches Urteil erfolgen kann.

Eine Ehe kann rechtsgültig geschieden werden, wenn die eheliche Lebensgemeinschaft, also das Teilen von „Bett und Tisch“, nicht mehr existiert und keine Aussicht mehr besteht, diese Gemeinschaft wiederherzustellen. Dann bezeichnet man eine Ehe als „gescheitert“.
Ein Richter wird nach einem Jahr der Trennung annehmen, dass die Ehe gescheitert ist und die Ehegatten scheiden – sofern beide damit einverstanden sind. Sollte ein Ehegatte nicht in die Scheidung einwilligen wollen, so kann die Ehe nach drei Trennungsjahren auch gegen seinen Willen geschieden werden.

1. Nenne Gründe, warum Eheleute sich (oft nach vielen gemeinsamen Jahren) scheiden lassen!
2. Nimm dazu Stellung, ob man es vereinfachen sollte, eine Ehe zu scheiden (z.B. Verzicht auf das Trennungsjahr, kein Einbeziehen eines Richters, ...)!

Grafik: Eheschließungen und Scheidungen in Deutschland

Die Grafik zeigt die Entwicklungen der Eheschließungen und Scheidungen in Deutschland seit 1960.

Quelle: Statistisches Bundesamt Deutschland (Stand: Januar 2010)

1. Beschreibe die Entwicklung der Eheschließungen und Scheidungen!
2. Versuche, Erklärungen für diese Entwicklung zu finden!
3. Wie schätzt du diesen Trend ein? Begründe deine Meinung!

Die Position der katholischen Kirche

Für die Kirche ist die Ehe ein Sakrament. Sie ist nach katholischem Glaubensverständnis ein Zeichen für den Bund zwischen Christus und der Kirche, wie es der Katechismus der katholischen Kirche („Weltkatechismus“) erklärt.
In der Bibel gibt es zahlreiche Hinweise auf die Ehe. Das Verhältnis zwischen Gott und dem Volk Israel wird oftmals mit dem Liebesverhältnis zwischen Braut und Bräutigam beschrieben. In ihrem Festhalten an der Unauflöslichkeit der Ehe beruft sich die katholische Kirche auf das Neue Testament (Mt 19,6): „Was Gott verbunden hat, das darf der Mensch nicht trennen.“
Darauf nimmt auch die Feier der Eheschließung Bezug; im Trauungsspruch heißt es: „Ich will dich lieben, achten und ehren, solange ich lebe (alternativ: bis dass der Tod uns scheidet).“

Die Scheidung wird von der katholischen Kirche deshalb abgelehnt. Die freiwillig eingegangene Ehe ist bindend bis zum Tod. Im Alten Testament konnte der Mann seine Frau entlassen, indem er ihr einen Scheidungsbrief ausstellte. Einer Frau stand dieses Recht nicht zu. Jesus lehnte nach Mk 10,2-12 dieses Vorgehen ab. Er sagte, Mose habe den Israeliten dies nur wegen ihrer Herzenshärte erlaubt.

Der Katechismus der katholischen Kirche sagt zur Scheidung Folgendes:
Nr. 2382: Jesus betonte die ursprüngliche Absicht des Schöpfers, der wollte, dass die Ehe unauflöslich sei. Er hob die Duldungen auf, die sich in das alte Gesetz eingeschlichen hatten. [...]
Nr. 2385: Die Ehescheidung ist auch deshalb unsittlich, weil sie in die Familie und in die Gesellschaft Unordnung bringt. Diese Unordnung zieht schlimme Folgen nach sich: für den Partner, der verlassen worden ist; für die Kinder, die durch die Trennung der Eltern einen Schock erleiden und oft zwischen diesen hin- und hergerissen werden; für die Gesellschaft, für die sie aufgrund ihrer ansteckenden Wirkung zu einer tiefen Wunde wird.

Zur Wiederheirat:
Nr. 1650: [...] Die Kirche hält [...] daran fest, dass sie, falls die Ehe gültig war, eine neue Verbindung nicht als gültig anerkennen kann. Falls Geschiedene zivil wiederverheiratet sind, befinden sie sich in einer Situation, die dem Gesetze Gottes objektiv widerspricht. Darum dürfen sie, solange diese Situation andauert, nicht die Kommunion empfangen. Aus gleichem Grund können sie gewisse kirchliche Aufgaben nicht ausüben. Die Aussöhnung durch das Bußsakrament kann nur solchen gewährt werden, die es bereuen, das Zeichen des Bundes und der Treue zu Christus verletzt zu haben, und sich verpflichten, in vollständiger Enthaltsamkeit zu leben.

1. Wie steht die katholische Kirche zum Thema Ehescheidung?
2. Wie wird die Haltung der katholischen Kirche begründet?
3. Was wird von Geschiedenen verlangt, welche Stellung haben sie?
4. Wie beurteilst du dieses Verhalten der katholischen Kirche?
5. Wann kann die hier vorliegende Haltung sogar nachteilig sein?

Die Position der protestantischen Kirche

Jesus trat für eine Unauflösbarkeit der Ehe ein. Dennoch können wir der Bibel einzelne Hinweise darauf entnehmen, dass es bereits zu Zeiten des Apostels Paulus Fälle von Ehescheidungen gab, welche Paulus auch duldete.
Martin Luther definierte die Ehe als „weltlich Ding“ und befürwortete die Scheidung zwar nicht, aber auf protestantischer Seite wurde sie fortan geduldet. In Fällen des Ehebruchs, der Verweigerung der ehelichen Pflichten und der totalen Unverträglichkeit wurde die Scheidung rechtlich zugestanden. Allerdings war es ausgeschlossen, nach einer Scheidung noch einmal zu heiraten. Dieser Zustand sollte auch bis ins 20. Jahrhundert so bestehen bleiben.

Die Scheidung einer Ehe ist ein Notbehelf, ein letzter Ausweg, wenn die Gemeinsamkeit zwischen zwei Menschen unbehebbar zerstört ist. Sie ist in einem solchen Falle auch nach christlichem Verständnis zu akzeptieren, weil kein Mensch auf sein Versagen und Verschulden festzulegen ist, jede und jeder eine Chance zu einem neuen Anfang haben soll. Vielleicht ist der Entschluss zur Auflösung einer Ehe ein notwendiger Schritt aus Selbstachtung. Und zu dieser Selbstachtung gehört auch die Annahme des Scheiterns. Die Aufrechterhaltung eines sinnentleerten Zwanges, einer bloßen Fassade kann nicht im Sinne eines evangelischen Eheverständnisses liegen.

Die Gründe für ein mögliches Auseinanderleben sind zahlreich in der modernen Welt: Auf der einen Seite strömen Einflüsse von außen auf Paare ein, wie z. B. das Schwinden klassischer Werte und Beziehungsgeflechte. Auf der anderen Seite liegen potenzielle Schwierigkeiten auch in den einzelnen Ehepartnern selbst, denn sie haben verschiedene Lebenserfahrungen, Wünsche, Sehnsüchte und Pläne. Ob die Konflikte zu einer tiefen Krise führen oder als Chance genutzt werden, die Positionen und Bedürfnisse miteinander immer wieder auszuhandeln, hängt von der Fähigkeit der Paare ab, die Andersartigkeit des Partners oder der Partnerin erst einmal grundsätzlich zu akzeptieren und ihn oder sie nicht zum Schuldigen für die eigene Unzufriedenheit zu machen.

Nach einer Scheidung oder Trennung, auch wenn diese sorgfältig überlegt ist, stellt sich nicht von selbst Zufriedenheit ein. Wohl wird zunächst Erleichterung erfahren. Doch aus der Zeit des gemeinsamen Lebens – im Guten wie im Schlechten – tauchen immer wieder Schuldgefühle, Aggressionen, Ängste, Einsamkeitsgefühle und Rachegedanken auf.
Menschen in dieser Situation brauchen Hilfe von Freunden und Bekannten, brauchen es, gefragt und angerufen zu werden. Sie brauchen auch Verständnis und Anerkennung in der Kirchengemeinde. Beratung und Mediation (spezielle Trennungsberatung) können zu einer fairen rechtlichen Regelung beitragen. Die evangelische Kirche nimmt durch die Angebote ihrer Ehe-, Familien-, Lebens- und Erziehungsberatungsstellen ihre besondere Verantwortung in diesem Bereich wahr. Der Wert einer gemeinsamen Trennungsberatung kann auch darin liegen, dass die beiden Menschen ihre Liebes- und Lebensgeschichte bilanzieren, gegenseitige Verletzungen besser verstehen, Trauer und Wut ausdrücken. Und sie können herausfinden, was sie für sich und ihre persönliche Entwicklung dadurch gewonnen haben, dass sie gerade mit diesem Menschen gelebt haben.

1. Wie steht die protestantische Kirche zum Thema Ehescheidung?
2. Wie wird die Haltung der protestantischen Kirche begründet?
3. Wie wird mit Geschiedenen umgegangen?
4. Wie beurteilst du dieses Verhalten der protestantischen Kirche?

Die Position des Judentums

Im Judentum ist die Scheidung einer unglücklichen Ehe möglich – allerdings nur unter genauer Einhaltung strenger Formalismen.
Der Zentralrat der Juden in Deutschland hat folgende Erklärung zum Thema Scheidung veröffentlicht:

Eine Ehe ist natürlich nicht immer glücklich und erfolgreich. Darum gibt es im jüdischen Eherecht auch die Institution der Scheidung (*Geruschin*). Die Prozedur ist allerdings kompliziert. Es ist ein Rabbinatskollegium notwendig und ein *Minjan* (zehn Männer), und der Ehemann muss der Frau einen Scheidebrief (*Get*) ausstellen lassen. Um zu verhindern, dass ein Mann sich unüberlegt aus einer Laune heraus scheiden lässt, muss eine Reihe von Vorschriften minutiös befolgt werden: Es darf kein fertiges Formular benutzt werden, sondern der *Get* muss bei der Verhandlung speziell geschrieben werden. Das Papier oder Pergament, die Tinte und die Schreibfeder müssen Eigentum des Mannes sein. Das Dokument muss in hebräischer Quadratschrift geschrieben sein, die Buchstaben dürfen nicht miteinander verbunden werden. Es darf nicht radiert werden, das ganze Stück muss genau zwölf Zeilen umfassen, und als dreizehnte, die zweigeteilt ist, erscheinen die Namen der Zeugen.

Für den aschkenasischen Bereich ist seit dem 10. Jahrhundert die Zustimmung der Frau notwendig, d. h. dass die Frau dadurch, dass sie den Scheidebrief berührt, ihr Einverständnis bekundet. Bei der Verhandlung ist die Anwesenheit der Frau nicht erforderlich. Der Get kann ihr auch durch Dritte zugestellt werden. Wenn die Frau den Get annimmt, ist die Scheidung rechtskräftig; das Dokument wird zum Zeichen seiner Gültigkeit mit einem Riss versehen und beim Rabbinatsgericht archiviert.

Da die Scheidung die Initiative des Mannes erfordert, der den Scheidebrief geben muss, können allerdings erhebliche Schwierigkeiten eintreten. So kommt es vor, dass der Mann verschollen ist. Er ist z. B. als Soldat in einen Krieg gezogen und gilt als vermisst oder der Mann hat aus beruflichen Gründen eine Seereise angetreten, ist aber nicht zurückgekommen. Dieses Problem kann nach jüdischem Eherecht nur dadurch gelöst werden, dass der Mann sich der Gefahr, in die er sich begibt, bewusst ist und vorsorglich einen *Get* schreiben lässt, der erst dann gültig wird, wenn er zu einem bestimmten Zeitpunkt nicht zurückgekehrt ist. Es ist auch denkbar, dass ein Mann seine Frau einfach verlassen hat und in ein fernes Land übersiedelt ist, ohne dass sein Aufenthaltsort ermittelt werden kann. Eine Frau, die vergeblich auf die Rückkehr ihres Gatten wartet, wird als verlassene Frau bezeichnet (*Aguna*). Das zuständige Rabbinatsgericht muss sich mit dem Fall befassen und wird versuchen, im Interesse der Frau eine Lösung zu finden, aber das erfordert ein sehr schwieriges und langwieriges Verfahren. Im Prinzip ist der Fall der *Aguna* religionsgesetzlich bis heute ungelöst.

1. Wie steht das Judentum zum Thema Ehescheidungen?
2. Wie kann eine Scheidung nach jüdischem Ritus ablaufen?
3. Überlege, welche Vor-/Nachteile du diesem Prozedere entnehmen kannst!
4. Wie beurteilst du diese Art, eine Ehe zu scheiden?

Die Position des Islam

Der Islam erlaubt Ehescheidungen, allerdings werden sie dort als verabscheuenswert betrachtet und sollen nur als letztes Mittel in Erwägung gezogen werden. Es ist viel wichtiger, eine Ehe zu erhalten und Versöhnung zwischen den Ehepartnern herbeizuführen. Kommt es zu einem Ehestreit, wird sowohl aus der Familie des Mannes wie auch aus der Familie der Frau ein Vermittler bestimmt, der den Streit zwischen den Parteien schlichten soll.
Dies ist im Koran nachzulesen (Sure 4:35):

> Und wenn ihr Widerstreit zwischen den beiden (Anm.: gemeint sind die Ehepartner) befürchtet, dann setzt einen Schiedsrichter aus seiner Familie und einen Schiedsrichter aus ihrer Familie ein. Wenn sie (beide) eine Aussöhnung wollen, wird Allah sie (beide) in Einklang bringen. Gewiss, Allah ist allwissend und allkundig.

Generell ist es sowohl dem Mann als auch der Frau möglich, die Ehe scheiden zu lassen. Die Details sind im Koran geregelt. Die Suren 2:226-232 und 65 besagen Folgendes:

> Eine Ehescheidung durch die Frau ist nach klassischem islamischen Recht nur bei Gründen zulässig, auf die sie keinen Einfluss hat: mangelnder oder fehlender Unterhalt von Seiten des Ehemanns und sexuelle Vernachlässigung durch den Ehemann (drei Monate oder länger kein Geschlechtsverkehr).
> Für den Ehemann ist dies einfacher: Er muss lediglich die Scheidungsformel drei Mal aussprechen. Endgültig geschieden ist er, wenn er nach Einhaltung der Fristen zum dritten Mal eine Scheidungsformel – in Anwesenheit von zwei Zeugen – ausgesprochen hat. Allerdings soll der Mann dabei in jedem Falle bis zur nächsten Monatsblutung der Frau warten, um eine Schwangerschaft auszuschließen.
> Versöhnungen sind in jedem Falle erwünscht, hat der Mann aber die Scheidungsformel zum dritten Male ausgesprochen, so darf er seine Frau erst zurücknehmen, wenn sie zuvor mit einem anderen Mann (nach der Scheidung) verheiratet war.

1. Wie steht der Islam zum Thema Ehescheidung?
2. Wie kann eine Scheidung nach moslemischem Ritus ablaufen?
3. Kommen hier dem Mann und der Frau gleiche Rechte zu?
4. Wie beurteilst du diese Art, eine Ehe zu scheiden?

5. Sterbehilfe

a. Zum Thema

Das Thema Sterbehilfe ist für die Schüler sicher noch in weiter Ferne und es mag aus Sicht mancher Schüler sehr verfrüht sein, sich mit diesem Thema auseinanderzusetzen, nichtsdestotrotz ist es ständig ein brennendes Thema in Politik, Medizin und Religion.
Erfahrungen können Schüler insofern mitbringen, als vielleicht sehr kranke, pflegebedürftige Angehörige, die sich wünschen, sterben zu können, zu Hause mit ihnen leben.

b. Das Material

Neben der Definition des Begriffs Sterbehilfe wird vor den einzelnen Positionen noch ein Umfrageergebnis angeboten, inwieweit die deutsche Bevölkerung die Liberalisierung der Sterbehilfe befürwortet oder ablehnt.

c. Lösungsvorschläge und Erklärungen

Sterbehilfe – eine Definition (S. 49)

1. Sterbehilfe hat eine zweifache Bedeutung: Zum einen ist es die Pflege, die einem sterbenden Patienten zukommt, um ihn beim Sterben zu begleiten. Zum anderen versteht man darunter die Hilfe ZUM Sterben, d. h. man führt den Tod des Patienten mehr oder weniger aktiv herbei.
   Es gibt insgesamt vier Arten der Sterbehilfe nach der zweiten Definition:
   - die passive Sterbehilfe (z. B. Geräte abschalten)
   - die indirekte Sterbehilfe (schmerzlindernde Behandlung mit Nebenwirkung der Lebensverkürzung)
   - die Beihilfe zur Selbsttötung
   - aktive Sterbehilfe (den Tod bewusst herbeiführen)

2. Hier ist zu erwarten, dass sich die Klassengemeinschaft spaltet. Einige werden sicher die Position einnehmen, dass jeder Mensch eigenständig über sich selbst entscheiden darf und damit auch festlegt, wann er sich dem Leben entzieht. Andere werden strikt gegen jede Art der Sterbehilfe sein, da das Leben als höchstes Gut der Natur nicht genommen werden darf.
   Sicherlich wird es auch viele Schüler geben, die ein differenzierteres Urteil abgeben und einige Formen für akzeptabel, andere für inakzeptabel befinden.

3. U. a. können diese Folgen genannt werden:
   - Positiv:
     - Todkranke Menschen können von ihrem Leiden erlöst werden.
     - Menschen können ihr Selbstbestimmungsrecht vollständig ausüben.
     - Mitleidende Angehörige können von einer immensen Belastung befreit werden.
   - Negativ:
     - Ärzte können u. U. gezwungen werden, gegen ihren Eid zu verstoßen und Menschen zu töten.
     - Todkranken Menschen kann es nahegelegt werden, dass sie aus Rücksicht auf ihre Angehörigen ihren Tod verlangen.

Eine Mehrheit für die Sterbehilfe (Folie) (S. 50)

Die Folie zeigt zwei Grafiken:
1. Eine Tortengrafik zur Frage, ob die Befragten die aktive Sterbehilfe befürworten.
2. Ein Säulendiagramm, welches die Antworten nach der Konfession der Befragten aufschlüsselt.

1. Die große Mehrheit von 58 % der Befragten spricht sich für die Legalisierung der aktiven Sterbehilfe aus. Demgegenüber stehen nur 19 %, die das ablehnen. 23 % haben keine dezidierte Meinung dazu. Würde man also die Bevölkerung die Frage nach der Legalisierung der Sterbehilfe entscheiden lassen, so wäre die Durchführung der Sterbehilfe kein Straftatbestand mehr.
   Betrachtet man anschließend die Aufteilung nach den Konfessionen, so kann man erkennen, dass die Katholiken sich „nur" zu 50 % für die Sterbehilfe aussprechen, während es bei den Protestanten ca. 55 % und bei den Übrigen ca. 65 % sind. Offensichtlich hat die religiöse Prägung der Personen etwas mit der Position zum Thema Sterbehilfe zu tun.
   Anhand der folgenden Arbeitsblätter kann dies genauer betrachtet werden.

2. Es führt eigentlich zu weit, an dieser Stelle bereits danach zu fragen, aus welchen Gründen die Antworten sich derart unterscheiden. Es können nur Mutmaßungen jedweder Art geäußert werden. Die genauen Antworten lassen sich den einzelnen Arbeitsblättern entnehmen.

3. Nun soll innerhalb der Klasse gefragt werden, wer sich in Bezug auf dieses Thema wie positioniert. Da es sich um ein sehr heikles Thema handelt, sollte vorher durch den Lehrer geklärt werden, ob eine offene oder eine verdeckte Abstimmung gewünscht wird. Dem Wunsch sollte man in jedem Fall entgegenkommen, denn sonst kann es geschehen, dass das Abstimmungsverhalten beeinflusst wird, da manche Schüler nicht als Minderheit dastehen wollen, sondern sich vielleicht der Mehrheit anschließen. Ferner ist nicht auszuschließen, dass bei einer offenen Abstimmung (je nach Klassensituation) einzelne Schüler außerhalb des Unterrichts mit Vorwürfen rechnen müssen. Dies gilt es in jedem Fall zu vermeiden.

Die Position der katholischen Kirche (S. 51)

1. Aktive Sterbehilfe ist in jedem Falle verboten, sie kann unter keinen Umständen und von niemandem erlaubt werden. Erlaubt ist es unter gewissen Umständen lediglich, den Menschen eine schmerzlindernde Behandlung zukommen zu lassen, auch wenn sie das Eintreten des Todes beschleunigt.

2. Die indirekte Sterbehilfe ist gestattet, da sie dem Patienten Schmerzlinderung verschafft. Allerdings nur, wenn es keine Alternativen mehr gibt.

3. Hier sind verschiedene Situationen vorstellbar, in denen man sich nicht einig sein kann mit der kirchlichen Position, z. B. wäre es möglich, dass man sich selbst in einer Position befindet, in der man gerne sterben möchte. Die Kirche verbietet aber, eine entsprechende Behandlung zu empfangen.

Die Position der protestantischen Kirche (S. 52)

1. Aktive Sterbehilfe wird kategorisch abgelehnt. Vielmehr sollten Möglichkeiten der Schmerztherapie ausgebaut werden, um das Leiden der Menschen zu lindern.

2. Als Alternative wird gefordert, die Palliativmedizin auszubauen, die sich darum bemüht, Schmerzen zu lindern oder gar zu vermeiden, wenn der Tod nicht mehr verhindert werden kann. Dazu müsste auch das entsprechende Können der Ärzte verbessert werden, Schmerzen zu lindern. Ferner sollten die Patienten beim Sterben mehr und besser begleitet werden und nicht alleine sterben müssen. Auch in Krankenhäusern wäre es hilfreich, sich intensiver der Sterbebegleitung zu widmen.

3. Neben vielen anderen Bedeutungen steht Hospiz auch für den Bereich der Sterbebegleitung. Seinen Namen verdankt der Begriff dem lat. „hospitium", was so viel wie „Herberge" bedeutet. Heute versteht man unter Hospiz aber nicht mehr einen konkreten Raum oder eine konkrete Einrichtung, vielmehr wird darunter auch ein Konzept der Sterbe- und Trauerbegleitung subsumiert.
   Fünf Qualitätskriterien wollen verwirklicht werden:
   - Der Kranke und seine Angehörigen stehen im Zentrum des Dienstes.
   - Unterstützung erfolgt durch ein interdisziplinäres Team.
   - Einbeziehung freiwilliger Begleiterinnen und Begleiter
   - *Palliative care* (Sorge für Schmerzfreiheit und Lebensqualität) statt *medical care* (auf Heilung gerichtete Behandlung), das heißt: Lebensqualität statt Lebensquantität
   - Trauerbegleitung

Neben der Schmerztherapie steht auch der Wille des Kranken an erster Stelle (nachzulesen unter www.wikipedia.de, Stichwort „Hospiz").

Die Position des Judentums (S. 53)

1. Es ist im Judentum absolut verboten, Sterbehilfe einzusetzen, da das Leben an und für sich unantastbar bleiben muss. Neuere Bewegungen überlegen lediglich, ob man die passive Sterbehilfe erlauben sollte.

2. Nach Ansicht des Autors ist das Leben unendlich wertvoll, und zwar das Leben eines jeden Menschen, unabhängig von Stand, Gesundheit, Vermögen, Eigenschaften usw. Gäbe es aber eine endliche Skala, nach der man den Wert des Lebens bemessen könnte, dann müsste gezwungenermaßen jemand die oberste Position einnehmen, d.h. man könnte plötzlich Rangfolgen festlegen, welcher Mensch wie wertvoll ist. Plötzlich spielen Punkte wie Alter, Gesundheit usw. doch eine Rolle. Das darf aber keinesfalls geschehen, deshalb muss an einer unendlichen Skala festgehalten werden.

3. Hier sollen die Schüler einen Brief an den Autor schreiben, in dem sie zur Aussage des Textes Stellung beziehen und sich dazu äußern. Es kommt neben der sachlichen Richtigkeit und der guten Begründung der eigenen Position auch darauf an, den Briefstil zu wahren und den Text nach den Kriterien, die ein Brief erfordert, zu verfassen.

Die Position des Islam (S. 54)

1. Sterbehilfe ist absolut verboten. Es ist lediglich erlaubt, Schmerzen zu lindern, sofern sie nicht dazu beitragen, den Patienten zu töten.

2. Es wird erwartet, dass die Schüler den vorliegenden Text kommentieren, etwa, um den Kommentar in einer Schülerzeitung zu veröffentlichen. Es soll neben einer stichhaltigen Argumentation bzw. einer begründeten Darstellung der eigenen Meinung darauf geachtet werden, dass der erforderliche Stil für die Textgattung Kommentar eingehalten wird.

3. Alle dargestellten Religionen verbieten die aktive Sterbehilfe, darin sind sie sich einig.
   Der Islam nimmt aber in Bezug auf die Frage der Schmerzlinderung die radikalste Position ein, da diese verboten wird, wenn sie möglicherweise zum Tode führt. Die anderen dargestellten Religionen räumen ein, dass die Linderung der Schmerzen in jedem Falle erlaubt sein sollte.

Sterbehilfe – eine Definition

Mit Sterbehilfe kann zum einen „Hilfe *im* Sterben“, d. h. „Sterbebeistand“ oder „Sterbebegleitung“ gemeint sein. Sterbehilfe in diesem Sinne besteht in der Unterstützung Sterbender durch Pflege, schmerzlindernde Behandlung sowie menschliche Zuwendung und ist als dringendes Erfordernis im Umgang mit Sterbenden unumstritten. Zum anderen kann mit Sterbehilfe aber auch „Hilfe *zum* Sterben“ gemeint sein. Sterbehilfe meint dann das Töten oder Sterbenlassen eines sterbenden, schwerkranken oder leidenden Menschen aufgrund seines eigenen, ausdrücklichen oder mutmaßlichen Verlangens oder Interesses.
Die Frage nach einer „Hilfe *zum* Sterben“ wird mit Blick auf unterschiedliche Situationen diskutiert. In dieser Diskussion werden häufig vier Formen von Sterbehilfe im Sinne einer „Hilfe *zum* Sterben“ unterschieden:

❶ „Sterbenlassen“/„Passive Sterbehilfe“: Verzicht auf lebensverlängernde Maßnahmen (unter Beibehaltung von „Grundpflege“ und schmerzlindernder Behandlung),

❷ „Indirekte Sterbehilfe“/„Indirekte aktive Sterbehilfe“: Schmerzlindernde Behandlung unter Inkaufnahme eines (nicht intendierten) Lebensverkürzungsrisikos,

❸ „Beihilfe zur Selbsttötung“/„Freitodbegleitung“/„Assistierter Suizid“: Hilfeleistung zur Selbsttötung z.B. durch Beschaffung und Bereitstellung des tödlichen Medikaments,

❹ „Aktive Sterbehilfe“/„Direkte aktive Sterbehilfe“/„Tötung auf Verlangen“: Absichtliche und aktive Beschleunigung oder Herbeiführung des Todeseintritts: Im Gegensatz zur indirekten Sterbehilfe ist der Tod nicht nur in Kauf genommen, sondern beabsichtigt, im Gegensatz zur Beihilfe zur Selbsttötung liegt die letztentscheidende Tatherrschaft nicht beim Betroffenen selbst, sondern bei einem Dritten.

Das Bedeutungsspektrum des Begriffs Sterbehilfe ist weit. Es umfasst Sterbende, schwer oder unheilbar (körperlich oder seelisch) Erkrankte, die unerträglich leiden oder die im Weiterleben keinen Sinn mehr sehen und die deshalb den dringenden Wunsch nach „Erlösung“ durch Sterbehilfe äußern. Genau so schließt es dauerhaft bewusstlose oder bereits in der Endphase ihrer Erkrankung bewusstseinsgetrübte Patienten ein, die sich nicht mehr selbst zu einem „medizin-technisch“ möglichen, aber therapeutisch fragwürdigen Einsatz lebensverlängernder Maßnahmen bzw. deren Abbruch äußern können. Es reicht bis hin zu noch nicht äußerungsfähigen, schwerstgeschädigten Neugeborenen, deren Lebenserwartung sehr gering ist oder deren Leben mit großen Qualen verbunden sein wird.
Jedoch werden nicht alle Formen des „Sterbenlassens“ unter den Stichworten „Sterbehilfe“ oder „Euthanasie“ zusammengefasst. Jeder therapeutische, palliative (d.h. schmerzlindernde) oder lebensverlängernde Eingriff bedarf der Zustimmung des Patienten. Will der Patient einen Eingriff nicht und führt die Unterlassung zu seinem frühzeitigen Tod, so muss nach weitverbreiteter Auffassung seinem „Recht auf einen natürlichen Tod“ Rechnung getragen werden.

1. Fasse mit eigenen Worten zusammen, was man unter Sterbehilfe versteht und in welche Formen man sie einteilt!
2. Überlege, welche Formen der Sterbehilfe du unterstützen, welche du ablehnen würdest! Begründe deine Entscheidung!
3. In Deutschland ist die aktive Sterbehilfe verboten. Welche positiven und/oder negativen Folgen könnte es haben, wenn man sie legalisieren würde?

Eine Mehrheit für die Sterbehilfe

Bei einer Befragung von knapp 1.800 Menschen in Deutschland (ab 16 Jahren) wurde folgendes Ergebnis zum Bereich aktive Sterbehilfe erlangt:

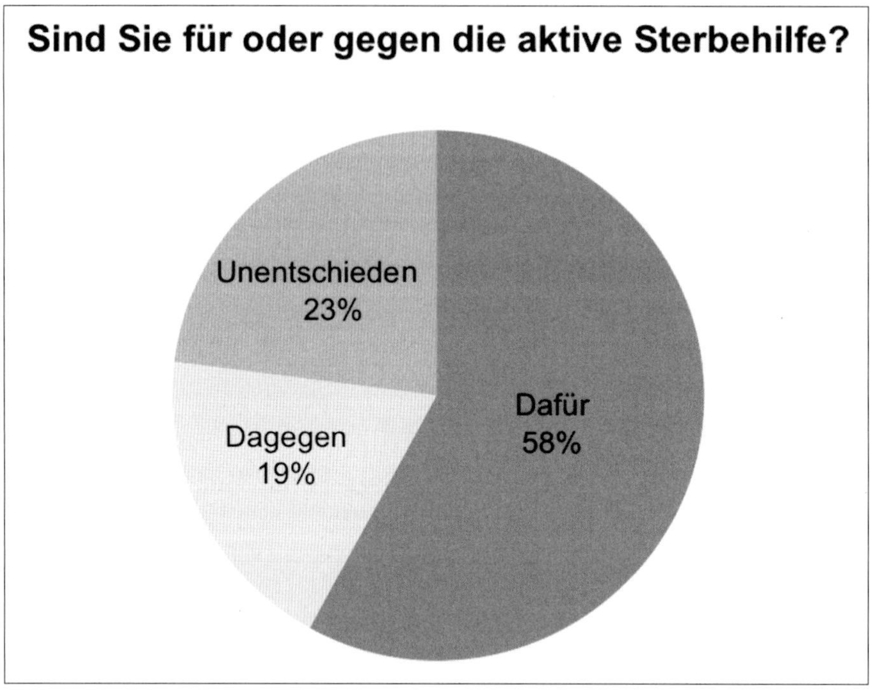

Auch Christen sprechen sich mehrheitlich für die Sterbehilfe aus:

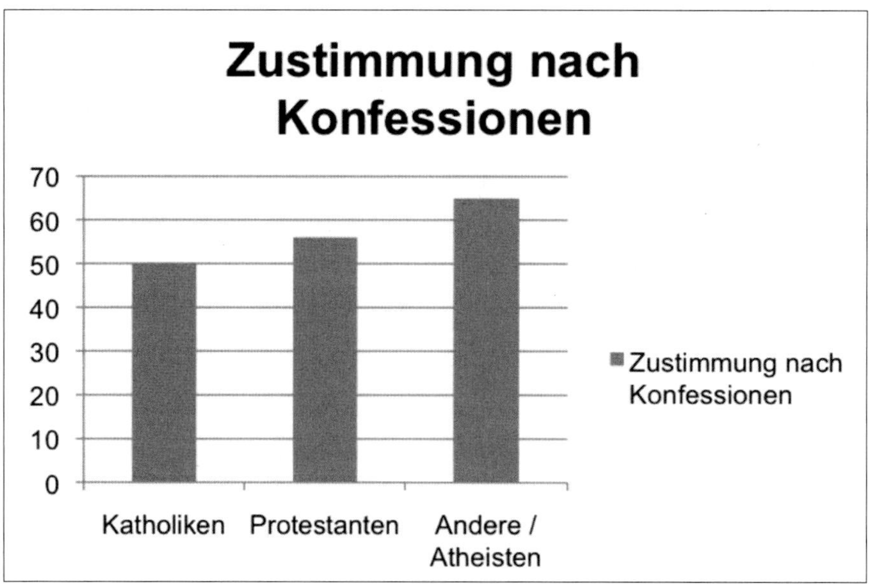

1. Deutet die Ergebnisse der Umfrage!
2. Wie sind die Unterschiede in den Konfessionen zu erklären?
3. Wie sieht das Bild bei einer Umfrage in eurer Klasse aus?

Die Position der katholischen Kirche

Im Jahre 1980 erkläre Papst Johannes Paul II. zum Thema Sterbehilfe:

„[...] Es muss erneut mit Nachdruck erklärt werden, dass nichts und niemand je das Recht verleihen kann, ein menschliches Lebewesen unschuldig zu töten, mag es sich um einen Fötus oder einen Embryo, ein Kind, einen Erwachsenen oder Greis, einen unheilbar Kranken oder Sterbenden handeln. Es ist auch niemandem erlaubt, diese todbringende Handlung für sich oder einen anderen zu erbitten, für den er Verantwortung trägt, ja man darf nicht einmal einer solchen Handlung zustimmen, weder explizit noch implizit. Es kann ferner keine Autorität sie rechtmäßig anordnen oder zulassen. Denn es geht dabei um die Verletzung eines göttlichen Gesetzes, um eine Beleidigung der Würde der menschlichen Person, um ein Verbrechen gegen das Leben, um einen Anschlag gegen das Menschengeschlecht. Es kann vorkommen, dass wegen lang anhaltender und fast unerträglicher Schmerzen, aus psychischen oder anderen Gründen jemand meint, er dürfe berechtigterweise den Tod für sich selbst erbitten oder ihn anderen zufügen. Obwohl in solchen Fällen die Schuld des Menschen vermindert sein oder gänzlich fehlen kann, so ändert doch der Irrtum im Urteil, dem das Gewissen vielleicht guten Glaubens unterliegt, nicht die Natur dieses todbringenden Aktes, der in sich selbst immer abzulehnen ist. Man darf auch die flehentlichen Bitten von Schwerkranken, die für sich zuweilen den Tod verlangen, nicht als wirklichen Willen zur Euthanasie verstehen; denn fast immer handelt es sich um angstvolles Rufen nach Hilfe und Liebe. [...]

Menschliche und christliche Klugheit rät [...] bei den meisten Kranken, solche Medikamente anzuwenden, welche den Schmerz lindern oder beseitigen können, auch wenn sich dadurch als Nebenwirkungen Schläfrigkeit und vermindertes Bewusstsein einstellen. Bei denen aber, die sich selbst nicht mehr auszudrücken vermögen, darf man mit Recht voraussetzen, dass sie diese schmerzstillenden Mittel haben möchten und wünschen, sie nach dem Rat der Ärzte zu erhalten. Die intensive Anwendung schmerzstillender Mittel ist aber nicht problemlos; denn man muss, um ihre Wirksamkeit zu gewährleisten, wegen des Phänomens der Gewöhnung im Allgemeinen immer größere Dosen verabreichen. Es ist hilfreich, an eine Erklärung von Papst Pius XII. zu erinnern, die weiterhin voll gültig bleibt. Einer Gruppe von Ärzten, die ihm die Frage vorgelegt hatten: „Kann es nach der Lehre der Religion und den Normen der Moral dem Arzt und dem Kranken erlaubt sein, mit Hilfe narkotischer Medikamente Schmerz und Bewusstsein auszuschalten [...] (auch beim Herannahen des Todes und wenn vorauszusehen ist, dass die Anwendung dieser Mittel das Leben abkürzt)?“, antwortete der Papst: „Wenn andere Mittel fehlen und durch die gegebenen Umstände die Erfüllung der übrigen religiösen und moralischen Pflichten in keiner Weise verhindert wird, ist es erlaubt.“

1. Fasse die Stellung der katholischen Kirche zum Thema „Sterbehilfe“ zusammen!
2. Welche Art der Sterbehilfe hält die katholische Kirche unter Umständen für angemessen?
3. Stelle dir eine Situation vor, in der du mit dem Standpunkt der katholischen Kirche nicht einverstanden sein könntest!

Die Position der protestantischen Kirche

Die Pressestelle der Evangelischen Kirche in Deutschland (EKD) veröffentlichte folgende Meldung am 10. Juli 2004:

Aktive Sterbehilfe muss in Deutschland ein Tabu bleiben, erklärte der Ratsvorsitzende der Evangelischen Kirche in Deutschland (EKD), Bischof Wolfgang Huber, in einem Gastbeitrag für die Allgemeine Zeitung Mainz (Ausgabe vom 10. Juli 2004). Der Mensch empfange das Leben und das Sterben aus Gottes Hand. Er dürfe sich deshalb nicht zum Richter über das Leben machen. „Niemand darf die Lizenz zum Töten verlangen und erhalten." Huber sprach sich auch gegen die ärztliche Mitwirkung bei der Selbsttötung aus.

Huber forderte die Weiterentwicklung und den Ausbau der palliativen Schmerztherapie. „Die palliativmedizinische Ausbildung der Ärzte und die entsprechende Ausstattung der Krankenhäuser sollte verbessert werden." Bei der stationären Pflege müssten die „grundlegenden Ideen und praktischen Erfahrungen der Hospizbewegung" stärker berücksichtigt werden. Der Bischof wies auf die von den Kirchen herausgegebene Patientenverfügung hin. Damit könne jeder Mensch „für die Gestaltung seiner letzten Lebenszeit Vorsorge treffen".

Deutschland müsse einen eigenen Weg in der Diskussion um Selbstbestimmung der Patienten und die ärztliche Pflicht zur Lebenserhaltung finden. „Unsere Geschichte verpflichtet uns zu besonderer Wachsamkeit", so Huber. Zudem sei klar, dass „einmal getroffene Entscheidungen nur schwer zu revidieren" seien. Ausgangspunkt aller Überlegungen müsse die Pflicht sein, jedem Menschen ein Sterben in Würde zu ermöglichen. „Auch am Ende seines Lebens ist ein Patient nicht einfach ein Objekt der ärztlichen Heilkunst, sondern ein selbstbestimmter Partner des Arztes."

(Als Alternative zur aktiven Sterbehilfe werden genannt:)

- Jeder Mensch kann heute für die Gestaltung seiner letzten Lebenszeit Vorsorge treffen. Die Kirchen geben seit 1999 eine Patientenverfügung mit Vorsorgevollmacht und Betreuungsverfügung – die „Christliche Patientenverfügung" – heraus.
- Auf der medizinischen Ebene sind vor allem die Weiterentwicklung und der Ausbau der Palliativmedizin zu fordern, die sich der Schmerztherapie und der Linderung weiterer Krankheitssymptome widmet. Die palliativmedizinische Ausbildung der Ärzte und die entsprechende Ausstattung der Krankenhäuser sollte verbessert werden.
- Für den Gesamtbereich stationärer Pflege sind die grundlegenden Ideen und praktischen Erfahrungen der Hospizbewegung stärker zur Geltung zu bringen. Der Hospizgedanke zielt auf Sterbebegleitung im Krankenhaus ebenso wie auf familiäre und nachbarschaftliche Zuwendung und Hilfe.

1. Fasse die Stellung der protestantischen Kirche zum Thema „Sterbehilfe" zusammen!
2. Welche Alternativen zur Sterbehilfe werden vorgeschlagen?
3. Informiere dich zum Thema Hospiz!

Die Position des Judentums

Immanuel Jakobovitz, der sich in zahlreichen Werken mit dem Thema jüdische Ethik im Bereich Medizin auseinandergesetzt hat, schreibt in einem Buch:

„Bezüglich Sterbehilfe ist jeder Versuch, den Tod zu beschleunigen, ob mit oder ohne Zustimmung des Patienten, unvereinbar mit der jüdischen Auffassung von der Heiligkeit des Lebens. Das Judentum betrachtet jedes Menschenleben als unendlich wertvoll. Unendlichkeit ist gemäß Definition unteilbar, denn jede Fraktion des Unendlichen ist weiterhin unendlich, sodass jeder Bruchteil eines Lebens, handle es sich um zehn Jahre oder eine Minute, handle es sich um Gesunde, Verkrüppelte oder gar Bewusstlose, gleichermaßen unendlich wertvoll bleibt.

Dürfte man das erlöschende Leben eines Todespatienten angreifen, weil es wertlos sei, so würden wir alle Menschen ihres absoluten Rechts auf Leben berauben. Wir würden es nur zu einem relativen Wert machen, abhängig von der Lebenserwartung, dem Gesundheitszustand, der Nützlichkeit für die Gesellschaft oder irgendeinem willkürlichen Maßstab. Keine zwei Menschen wären daher von gleichem Wert. Denn ihr Wert, auf eine endliche Skala reduziert, würde von einer Anzahl körperlicher und sozialer Maßstäbe abhängen. Daher brandmarkt das jüdische Gesetz direkte Euthanasie als Mord.

Hingegen kann laut einigen Meinungen, die unlängst erschienen sind, vom Arzt unter gewissen, sorgfältig definierten Umständen nicht verlangt werden, die Agonie (= Kampf; Anm. A. H.) durch künstliche oder „heroische" Methoden zu verlängern. Nach diesen Meinungen ist es ihm erlaubt, die Behandlung eines Dahinsiechenden in vollkommen aussichtslosen Fällen abzusetzen. Über das genaue Urteil in solchen Fällen besteht noch immer eine Debatte in der heutigen rabbinischen Literatur."[1]

1. Fasse die Stellung des Judentums zum Thema „Sterbehilfe" zusammen!
2. Überlege dir, welche Umstände Jakobovitz vielleicht gemeint hat, wenn er von einer „endlichen Skala" spricht!
3. Verfasse einen Brief an den Autor, in dem du ihm begründet zustimmst oder widersprichst!

[1] Zitiert aus: Immanuel Jakobovits, Medizin und Ethik im Judentum, in: Bernhard Rübenach (Hrsg.), Begegnungen mit dem Judentum, Stuttgart 1981, S. 186.

Die Position des Islam

Sterbehilfe (Euthanasie) ist im Islam nicht erlaubt. Der Islam betrachtet menschliches Leben als heilig und es muss so weit wie möglich geschützt werden. Es ist weder zulässig, ein anderes menschliches Wesen zu töten, noch ist Selbsttötung erlaubt.

Es ist die Aufgabe des Arztes und der Verwandten des Patienten, ihn zu betreuen und sich um den Patienten zu sorgen, um Schmerz und Leid zu verringern. Sie dürfen jedoch unter keinen Umständen den Kranken töten.

Im äußersten Falle ist es erlaubt, in einer scheinbar aussichtslosen Lage, Allah um das Beste für sich zu bitten – in einem Hadith heißt es:

Niemand soll sich nach dem Tode sehnen, weil ihn ein Unglück getroffen hat. Wenn jemand von euch so sehr des Lebens überdrüssig ist, sollte er sagen: „Oh Allah, erhalte mich am Leben, solange das Leben besser für mich ist, und nimm mich (zu Dir), wenn der Tod besser für mich ist.“ (gesichertes Hadith, überliefert von Buchari und Muslim)

Laut einem Bericht der taz Köln vom 4. Mai 2005 ist auch passive Sterbehilfe kein Thema für Moslems: Eine *Fatwa*[2] vom September 2003, herausgegeben vom türkischen Amt für Religionsangelegenheiten, legte fest, dass das Abschalten lebenserhaltender Geräte nur dann nicht in Konflikt mit dem muslimischen Glauben gerate, wenn die Gehirnfunktion des Patienten nachweislich erloschen sei. Weiterhin dürfe der Patient keine Atmung und keinen Herzschlag mehr besitzen, ein Arzt müsse eine Verbesserung dieses Zustandes ausschließen.

1. Fasse die Position des Islam zum Thema „Sterbehilfe“ zusammen!
2. Verfasse einen kurzen Kommentar (etwa in Form eines Beitrags für die Schülerzeitung) zur oben dargestellten Position!
3. Vergleiche die muslimische Position zur Sterbehilfe mit der Position einer anderen Religion!

[2] Eine *Fatwa* ist ein religiöses Rechtsgutachten im Islam.

6. Organspende

a. Zum Thema

Das Thema Organspende findet sich immer wieder in den Medien. Entweder wird diskutiert, ob sie in der jetzigen Form beibehalten werden sollte oder ob man – wie in manchen anderen Ländern – dazu übergeht, jeden Toten als potenziellen Organspender zu betrachten; oder aber man liest bzw. hört Werbung, die einen dazu aufruft, Organspender zu werden. Somit ist dieses Thema im Alltag präsent, und gerade für Jugendliche ab 16 Jahren ist es von Interesse, denn ab diesem Alter dürfen sie – auch ohne Einwilligung der Eltern – einen Organspendeausweis besitzen.

b. Das Material

Zu Beginn gibt es die Möglichkeit, anhand des einführenden Arbeitsblattes zahlreiche Fakten über das Thema Organspende zu erhalten, damit eine Grundlage für spätere Diskussionen gelegt ist. Alternativ bietet sich auch an, die Website www.organspende-info.de zu besuchen, die von der Bundeszentrale für gesundheitliche Aufklärung betrieben wird und allumfassende Informationen liefert und sogar auf religiöse Standpunkte, die kurz zusammengefasst sind, eingeht.
Anschließend findet sich die Kopiervorlage für eine Folie, auf der ein Organspenderausweis zu sehen ist, wie man ihn – wenn man sich als Organspender zur Verfügung stellen möchte – bei sich tragen sollte.

c. Lösungsvorschläge und Erklärungen

Organspende – Was ist das? (S. 58)

Hier gibt es keine Fragen, die zu beantworten sind. Es wird lediglich auf eine Website verwiesen, auf der es sehr gute Informationen zum Thema Organspende gibt. Welche Informationen genau für den jeweiligen Religionsunterricht benötigt werden, muss der Lehrer vorher festlegen.

Organspendeausweis (Folie) (S. 59)

Auch hier gibt es keine konkreten Arbeitsaufträge. Die Schüler sollen lediglich die Gelegenheit bekommen, einen entsprechenden Ausweis zu sehen, und erkennen, dass man individuell entscheiden kann, welche Organe man spenden möchte oder wer die Entscheidung darüber treffen soll.

Die Position der katholischen Kirche (S. 60)

1. Es ist nicht verboten, Organe zu spenden. Hier ist das Gebot der Nächstenliebe höher einzuschätzen als die Forderung, den menschlichen Körper auch nach seinem Tod unversehrt zu lassen. Allerdings darf die Organentnahme nur mit der Zustimmung des Organspenders zu seinen Lebzeiten erfolgen. Diese Zustimmung darf nicht erkauft oder erzwungen sein, sie muss auf freiwilliger Basis erfolgen.

2. Es sind hier verschiedene Meinungen vorstellbar, die es entsprechend zu begründen gilt.
   Eine mögliche Argumentationslinie kann sein, der katholischen Kirche und auch den anderen religiösen Gemeinschaften eine Einmischung zu erlauben, da es sonst kaum eine Instanz geben dürfte, die sich mit dem Thema Tod und Trauer mehr auseinandersetzt und die Rechte der Verstorbenen und deren Angehörigen vertritt.

3. Auch bei dieser ethischen Fragestellung sind kontroverse Diskussionen zu erwarten.
   Mögliche Gründe, die angeführt werden könnten:
   - Alle Menschen sollten verpflichtend Organspender sein, weil ...
     - man einen viel höheren Bedarf an Organen hat, als es Spender gibt.
     - einem toten Menschen seine Organe nichts mehr nutzen.
     - es auch juristisch einfacher wäre, dringend benötigte Organe zu erhalten.
   - Eine derartige juristische Neuausrichtung ist nicht zu wünschen, weil ...
     - der Mensch nach seinem Tod nur als Fleischklumpen gesehen würde.
     - die trauernden Angehörigen möglicherweise vor den Kopf gestoßen werden.
     - sicherlich die Angst besteht, dass lebenserhaltende Maßnahmen nicht mehr an einem Patienten durchgeführt werden, um an seine Organe zu kommen.

Die Position der katholischen und protestantischen Kirche (S. 61)

1. Die Organspende kann als ein Akt der Nächstenliebe über den Tod hinaus gesehen werden und wird deshalb für gut befunden. Allerdings setzt man die absolute Freiwilligkeit des Spenders voraus.

2. Die Schüler sollen eigene Standpunkte einnehmen und vertreten, zu welchem Zeitpunkt sie einen Menschen für tot erklären. In der Regel ist zu erwarten, dass die beiden Standpunkte Hirntod oder das Versagen des Herz-Kreislauf-Systems vertreten werden.

3. Um diese Aufgabe lösen zu können, sollte entweder die Möglichkeit bestehen, entsprechende Recherche zu betreiben, oder alternativ kann das in dieses Thema einführende Arbeitsblatt herangezogen werden.
   Daraus ergibt sich, dass viele Organe nur als Spenderorgane zu verwenden sind, wenn sie noch mit Blut versorgt werden. Sobald das Herz versagt und die Sauerstoffversorgung ausbleibt, nehmen die Organe dauerhaften Schaden und versagen endgültig.
   Somit könnten viele Organspenden nicht stattfinden, wenn der Hirntod alleine nicht ausreichen würde, um die Organe zu entnehmen.

4. Bei dieser ethischen Fragestellung sind kontroverse Diskussionen zu erwarten.
   Die möglichen Gründe sind der vorhergehenden Seite zu entnehmen.

Die Position des Judentums (S. 62)

1. Obwohl der menschliche Körper nur eine Leihgabe von Gott ist, so ist man in den letzten Jahren zu der Einsicht gelangt, dass es wichtiger ist, menschliches Leben zu retten oder zu verlängern, als den eigenen Körper nach dem Tode unversehrt zu lassen. Deshalb ist nach Meinung der meisten Gelehrten eine Organspende nicht verwerflich. Allerdings gilt ein Mensch im Judentum erst als tot, wenn sowohl Hirn- als auch Herzaktivitäten zum Erliegen gekommen sind. Viele Organe können also nicht mehr entnommen werden.

2. Der Spender wird insofern besonders geschützt, als sein Hirn- und sein Herztod abgewartet werden, also zweifelsfrei ein Wiederaufwachen unmöglich ist. Außerdem wird darauf bestanden, dass ihm bei einer Lebendspende kaum Beeinträchtigungen entstehen.

3. Hier sind verschiedene Meinungen zu erwarten, die begründet werden wollen.
   Mögliche Folgen aus dieser Einstellung wären, dass man mit dem eigenen Körper nicht nach Gutdünken umgehen darf. Es ist eher erforderlich, den Körper wie eine Leihgabe zu behandeln, also nichts zu tun, was den Körper schädigt. Dazu würde es gehören, gesund zu leben und sich jeder Form der Genusssucht zu enthalten.

4. Auch hier gilt, dass die Schüler ihre eigene Meinung begründen.
   Kritisch kann zumindest an der Position des Judentums angemerkt werden, dass beim Abwarten des Herztodes bei allen Organspendern ein Spenden der inneren Organe kaum noch oder gar nicht mehr möglich wäre. Folglich könnten Menschen, die dringend auf ein neues Herz warten, nicht gerettet werden.

Die Position des Islam (S. 63)

1. Die Organspende wird im Islam ausdrücklich erlaubt und wird als ein Zeichen des Mitgefühls gegenüber seinen Mitmenschen angesehen.
   Der Islam geht als einzige der hier angeführten Religionen sogar so weit, den Hirntod mit dem Herztod gleichzusetzen.

2. Die Auffassung, dass der Hirntod gleich dem Herztod sei, ist – aus religiöser Sicht – relativ weitgehend. Denn es ist einem Menschen äußerlich nicht anzusehen, ob er lediglich bewusstlos ist oder ob der Hirntod eingetreten ist. Das Herz schlägt weiter und versorgt die Organe noch mit Sauerstoff. Der komplette Körper ist folglich nicht tot. Aber Mediziner bestätigen immer wieder, dass beim Hirntod ein Mensch nicht mehr aufwachen kann.
   Die Schüler sollen sich für eine der Positionen entscheiden und ihre Meinung begründen.

3. Hier werden verschiedene Meinungen erwartet. Diese sollen natürlich ausreichend begründet werden.

Organspende – Was ist das?

Auf der Website www.organspende-info.de erhält man viele hilfreiche Informationen zum Thema Ablauf, möglicher Spender, Empfänger, ...
Einige Auszüge aus den Informationen seien hier aufgeführt:

In der Regel können nur Menschen Organe spenden, deren **Hirntod** zuvor feststeht, deren Herz-Kreislauf-System aber noch aufrechterhalten werden kann (dies wird mithilfe von Maschinen getan). Meistens allerdings tritt der Herztod vor dem Hirntod ein, sodass 99 % der Menschen nicht mehr für eine Organspende in Frage kommen. Von den 400.000 Menschen, die jährlich in deutschen Krankenhäusern sterben, bleiben also nur rund 400 Menschen übrig, deren Organe entnommen werden können.
Weiterhin müssen die entnommenen Organe natürlich gesund und funktionsfähig sein – was nützt es, ein krankes Organ durch ein wiederum krankes zu ersetzen?

Aber nicht nur Toten können Organe entnommen werden, auch **Lebendspenden** sind möglich (natürlich nur von Organen, bei deren Fehlen man dennoch weiterleben kann). Das ist aber nur zwischen engen Verwandten erlaubt.

Die medizinischen Möglichkeiten sind mittlerweile so weit fortgeschritten, dass zahlreiche Organe verpflanzt werden können. Dazu zählen Herz, Lunge, Leber, Nieren, Bauchspeicheldrüse, Darm, Teile der Haut, Hornhaut, Herzklappen, Teile der Blutgefäße und des Knochengewebes.

Eine **Organtransplantation** ist dennoch nicht ohne Weiteres möglich:
Das Gewebe des Spenders muss mit dem des Empfängers möglichst gut zusammenpassen, da der Körper das fremde Organ sonst abstößt. Weiterhin muss auch die Größe einigermaßen übereinstimmen. Es ist z. B. nicht zielführend, einem erwachsenen Menschen ein Kinderherz einzusetzen.
Auch wenn das Fremdgewebe gut mit dem eigenen Gewebe übereinstimmt, müssen Empfänger ein Leben lang Medikamente nehmen, die das Immunsystem daran hindern, das neue Organ abzustoßen, sodass es nicht mehr funktioniert. Da durch diese Medikamente das Immunsystem geschwächt wird, ist man anfälliger für Krankheiten und muss strengere hygienische Maßnahmen ergreifen.

Einem toten Menschen dürfen selbstverständlich nicht ohne Weiteres Organe entnommen werden, auch wenn der Bedarf an Organen immer größer ist als die vorhandenen Organe. Ein **Gesetz** regelt, wie die Organspende abzulaufen hat.
So müssen z. B. die Bereiche Organentnahme, -vermittlung und -transplantation organisatorisch voneinander getrennt sein. Organe und Gewebe dürfen nur entnommen werden, wenn der Patient nachweislich tot ist. Das muss von zwei erfahrenen Ärzten unabhängig voneinander festgestellt werden. Weiterhin muss der Spender zu seinen Lebzeiten dokumentiert haben, dass er bereit ist, nach seinem Tod die Organe zur Verfügung zu stellen; dies kann er mithilfe eines Organspenderausweises tun. Die Organe werden nach strengen Regeln weitergegeben, dazu existiert eine Warteliste. Der Handel mit Organen ist strengstens verboten.

Informiere dich unter www.organspende-info.de genauer zu diesem Thema!

Organspendeausweis

Organspendeausweis

nach § 2 des Transplantationsgesetzes

Organspende

Name, Vorname | Geburtsdatum

Straße | PLZ, Wohnort

BZgA Bundeszentrale für gesundheitliche Aufklärung

Organspende schenkt Leben.

Antwort auf Ihre persönlichen Fragen erhalten Sie beim Infotelefon Organspende unter der gebührenfreien Rufnummer 0800 / 90 40 400.

(Vorderseite)

Erklärung zur Organ- und Gewebespende

Für den Fall, dass **nach meinem Tod** eine **Spende von Organen/Geweben zur Transplantation** in Frage kommt, erkläre ich:

○ **JA,** ich gestatte, dass nach der ärztlichen Feststellung meines Todes meinem Körper Organe und Gewebe entnommen werden.

oder ○ **JA,** ich gestatte dies, mit **Ausnahme** folgender Organe/Gewebe:

oder ○ **JA,** ich gestatte dies, jedoch **nur** für folgende Organe/Gewebe:

oder ○ **NEIN,** ich widerspreche einer Entnahme von Organen oder Geweben.

oder ○ Über JA oder NEIN **soll** dann **folgende Person entscheiden:**

Name, Vorname | Telefon

Straße | PLZ, Wohnort

Platz für **Anmerkungen/Besondere Hinweise**

DATUM | UNTERSCHRIFT

(Rückseite)

Die Position der katholischen Kirche

Kardinal Karl Lehman aus Mainz hat sich im Rahmen einer Nachtvorlesung am 14. Juli 2005 zum Thema der Organspende geäußert.

Lange Zeit war es aus Sicht der katholischen Kirche verboten, den menschlichen Leichnam anzutasten, da seine Integrität dadurch verletzt würde. Bereits 1944 hat sich der damalige Papst Pius XII. zu diesem Thema geäußert und unter bestimmten Bedingungen eine Hornhauttransplantation erlaubt.
Daraus kann man schlussfolgern, dass es auch nicht verboten ist, dass der Mensch über seinen toten Körper verfügen darf und bestimmen darf, dass seine Organe dazu verwendet werden, anderen Menschen zu helfen. Allerdings ist es verboten, den Körper nach Gutdünken zu behandeln, es soll also keine Willkür herrschen beim Umgang mit Leichnamen.
Neben der Zustimmung des Toten (die Zustimmung muss er natürlich noch zu Lebzeiten gegeben haben!) bedarf es auch der Zustimmung und des Verständnisses der nächsten Angehörigen. Es sollte nicht gegen deren Willen gehandelt werden. Dazu ist es nötig, eine breite Toleranz für die Organspende bei der Bevölkerung zu entwickeln.

In einem Falle ist die Organspende aber vollkommen ausgeschlossen: Wenn nicht mit absoluter Sicherheit der Tod des Patienten festgestellt wurde. So lange auch nur ein Funken Leben in einem Menschen ist, soll er als Mensch behandelt werden, nicht als Leiche.

Auch Papst Johannes Paul II. hat sich 1991 positiv zur Organspende geäußert und verkündet, dass die Bereitschaft zur Organspende größte Wertschätzung verdiene.

Aus der Wertschätzung und dem positiven Dienst an den Menschen darf aber nicht abgeleitet werden, dass es eine Pflicht zur Organspende geben solle. Der freie Wille des Menschen dürfe auch in dieser Hinsicht nicht angetastet werden, sondern die Bereitschaft zur Organspende muss in jedem Falle freiwillig bleiben.

Im Katechismus der katholischen Kirche heißt es zudem:
„Die Organverpflanzung entspricht dem sittlichen Gesetz, wenn die physischen und psychischen Gefahren und Risiken, die der Spender eingeht, dem Nutzen, der beim Empfänger zu erwarten ist, entsprechen. Die Organspende nach dem Tod ist eine edle und verdienstvolle Tat, sie soll als Ausdruck großherziger Solidarität gefördert werden. Sie ist sittlich unannehmbar, wenn der Spender oder die für ihn Verantwortlichen nicht ihre ausdrückliche Zustimmung gegeben haben. Zudem ist es sittlich unzulässig, die Invalidität oder den Tod eines Menschen direkt herbeizuführen, selbst wenn dadurch der Tod anderer Menschen hinausgezögert würde."

1. Fasse die Position der katholischen Kirche mit eigenen Worten zusammen!
2. Sollte sich die katholische Kirche deiner Meinung nach in das Thema Organspende einmischen? Begründe deine Meinung!
3. In anderen Ländern ist es üblich, dass alle verstorbenen Menschen potenzielle Organspender sind. Dort ist es nötig, ein Dokument mitzuführen, wenn man seine Organe NICHT spenden will. Wie müsste die katholische Kirche in diesen Ländern reagieren?

Die Position der katholischen und protestantischen Kirche

Die Evangelische Kirche in Deutschland (EKD) verweist auf eine Erklärung, die sie im Jahre 1990 zusammen mit der katholischen Kirche veröffentlicht hat.
Die Position der protestantischen Kirche stimmt also in diesem Punkt mit der Position der katholischen Kirche überein.

In der Veröffentlichung gehen die beiden Kirchen vom Respekt vor der Würde des Menschen aus, damit verbunden sind die Pflicht zur Lebenserhaltung und Lebensförderung.
Soweit also der Mensch aus freiem Willen der Entnahme seiner Organe zustimmt, so kann dies als ein Akt der Nächstenliebe über den Tod hinaus angesehen und für gut befunden werden. Damit schließt sich aber das nächste Problem an: Die Organspende muss freiwillig sein, sie darf nicht per Gesetz verordnet oder die Zustimmung des Spenders als selbstverständlich vorausgesetzt werden.

In einem wichtigen Punkt können die Kirchen aber dem aktuellen Transplantationsgesetz nicht voll zustimmen: Der Hirntod eines Menschen reicht aus, um seine Organe zu entnehmen. Das Herz-Kreislauf-System wird aufrechterhalten. Es befindet sich also noch Leben im Körper, auch wenn das Bewusstsein des Menschen nicht mehr wiederkehren wird. Dies ist der Hauptstreitpunkt zwischen vielen Medizinern und der Kirche:
Auf der einen Seite stellt sich die Frage, wie man einem Menschen Organe entnehmen kann, wenn man ihn nicht für tot erklären darf. Auf der anderen Seite fragt man sich, wie ein Mensch für tot erklärt werden kann, wenn er noch über einen nachweisbaren Herzschlag verfügt.

Das Gesetz von 1997 lässt offen, wann ein Mensch als tot gilt. Die Todesfeststellung wird an den Stand der wissenschaftlichen Erkenntnis gebunden. Das heißt, dass man in der Zukunft vielleicht ganz andere Methoden hat, den Tod festzustellen, als dies bisher der Fall ist.

Es wird darauf hingewiesen, dass möglicherweise die Gefahr besteht, einen menschlichen Körper nach seinem Tod nur noch als eine Ansammlung leblosen Fleisches zu sehen. Das Transplantationsgesetz trägt dieser Befürchtung Rechnung, indem es anerkennt, dass menschliches Sterben als ein eigener Prozess betrachtet wird und es eben nicht nur ein rein biologischer Vorgang ist, sondern damit auch sehr viele Emotionen verbunden sind.
Auch nach dem Tod hat der Mensch noch eine ihm eigene Würde, die man ihm zugestehen muss.

1. Fasse die dargestellte Position mit eigenen Worten zusammen!
2. Überlege, ab wann ein Mensch deiner Ansicht nach tot ist!
3. Überprüfe, welche Schwierigkeiten sich bei der Organspende ergeben, wenn man nicht nur den Hirntod, sondern auch den Herztod eines Patienten abwartet!
4. Bist du der Meinung, man sollte per Gesetz vorschreiben, dass jeder Mensch nach seinem Tod ein potenzieller Organspender ist?

Die Position des Judentums

Das deutsch-jüdische Nachrichtenmagazin haGalil *bietet auf seiner Website die Möglichkeit, Fragen zum Judentum zu stellen, gerade auch zu ethischen Themen.*
Hier gibt ein Rabbi zum Thema Organspende folgende Auskunft:

> Seit den fünfziger Jahren beschäftigen sich die Gelehrten, Wissenschaftler wie auch Geistliche mit dem Thema Organspende. Auch einflussreichen Rabbinern war dieses Thema wichtig genug, um sich zu Wort zu melden, auch wenn es keine einhellige Einstellung in dieser Angelegenheit gab.
> Dennoch argumentierten alle Seiten vom selben Ausgangspunkt her:
> „Eines der wichtigsten Prinzipien im jüdischen Glauben und des jüdischen Rechts ist die Erhaltung von Leben, ebenso dessen Rettung oder Verlängerung. Dieser Maxime werden manche anderen Normen gelegentlich untergeordnet.“

Insgesamt wird die Organspende befürwortet, insofern sie der Rettung, Erhaltung oder Verlängerung von Leben dient und das Leben des Spenders nicht verkürzt oder beeinträchtigt.

Die Bundeszentrale für gesundheitliche Aufklärung (BZgA) stellt die jüdische Position folgendermaßen dar:

> Grundsätzlich gehört der menschliche Körper eigentlich nicht dem Menschen, sondern er ist nur eine Leihgabe von Gott. Deshalb kann der Mensch auch nicht uneingeschränkt über seinen eigenen Körper verfügen, wie es ihm beliebt. Dient man aber einem anderen Menschen, indem man sein Leben verlängert oder ihn vor dem Tod rettet, so darf man diese Ansicht außer Acht lassen, dass man nicht der Eigentümer seines Körpers ist.
> Nach Ansicht des Judentums ist ein Mensch erst dann wirklich tot, wenn sowohl seine Hirnaktivitäten beendet sind wie auch das Herz aufgehört hat, zu schlagen. Nur dann dürfen Organe entnommen werden.
> Lebendspenden sind – wenn sie keine Gefahr für den Spender darstellen – möglich.

1. Fasse die Position des Judentums mit eigenen Worten zusammen!
2. Inwieweit wird der Spender nach den jüdischen Regeln geschützt?
3. Wie stehst du zu der Auffassung, dass der Mensch nicht der Eigentümer seines Körpers ist? Welche Schlussfolgerungen muss man daraus ziehen?
4. Wie stehst du zur Position des Judentums? Begründe deine Meinung!

Die Position des Islam

Auf der 3. Internationalen Konferenz Islamischer Gelehrter in Amman (Jordanien) stellte man offiziell den Hirntod mit dem Herztod gleich. Nur Körper von Personen, die den Hirntod erlitten haben, aber deren Herz noch schlägt, eignen sich für Organtransplantationen, da die Organe noch mit lebensnotwendigem Sauerstoff über das Blut versorgt werden (zumindest ist dies bei den meisten Organen der Fall, einige können auch nach dem Herztod noch verpflanzt werden).

Wenn ein Mensch beschließt, die Organe nach seinem Tod zu spenden, dann verlangt er damit nicht, dass man seinen Leichnam respektlos behandelt, sondern er zeigt damit offen sein Mitgefühl gegenüber Menschen, die an Krankheiten leiden und auf fremde Organe angewiesen sind. Allerdings ist es verboten, Organe zu Handelszwecken zu benutzen. Es darf also weder der Organspender zu seinen Lebzeiten Vorteile genießen, weil er seine Organe nach seinem Tod spenden möchte, noch dürfen seine Organe auf irgendeine Weise verkauft werden.

Im Idealfalle sollte der potenzielle Spender seine Bereitschaft bei klarem Verstand abgeben und zudem volljährig sein. Bei Kindern oder entmündigten Menschen können die Erziehungsberechtigten oder Betreuer einer Organentnahme zustimmen. Auch Lebendspenden sind erlaubt, wenn der Nutzen für den Empfänger größer ist als der mögliche Schaden für den Spender.

Im Jahre 1997 hat der Zentralrat der Muslime in Deutschland in einer Stellungnahme bekannt gegeben, dass er das in Deutschland gültige Transplantationsgesetz mit dem islamischen Prinzip für vereinbar hält.

1. Fasse die Position des Islam mit eigenen Worten zusammen!
2. Kannst du der Auffassung folgen, dass der Herztod mit dem Hirntod gleichzusetzen ist?
3. Wie beurteilst du es, dass Betreuer einer Organentnahme zustimmen können?

7. Todesstrafe

a. Zum Thema
Die Hinrichtung eines Verurteilten ist in zahlreichen Ländern der Welt noch eine gängige Bestrafungspraxis. Nicht zuletzt deshalb bleibt es stetig interessant, sich mit diesem Thema auseinanderzusetzen und sich ein Urteil darüber zu bilden.
Unabhängig davon wird man mit dem Tod und der Bestrafung durch den Tod täglich in den Medien konfrontiert, teils in den Nachrichten, teils in Spielfilmen.

Unabhängig von den einzelnen hier angebotenen Materialien lohnt es sich auch, im Internet nach den verschiedenen gängigen Hinrichtungspraktiken zu suchen und sich näher darüber zu informieren. Bei den Diskussionen um Sinn oder Unsinn der Todesstrafe ist es wichtig, zu wissen, auf welche Art die Menschen sterben müssen.

b. Das Material
Neben einem Arbeitsblatt, anhand dessen die Gründe für die Beibehaltung der Todesstrafe nähergebracht werden (aber auch auf Risiken hingewiesen wird), bietet eine Bildfolie, die einen hinzurichtenden Häftling auf einem elektrischen Stuhl zeigt, die Möglichkeit, in das Thema einzusteigen.

c. Lösungsvorschläge und Erklärungen

Todesstrafe – das Für und Wider (S. 68)

Auf diesem Arbeitsblatt sind keine Arbeitsaufträge, es dient lediglich der näheren Information über mögliche Argumentationslinien. Wenn dieser Text nicht zu Beginn eingesetzt werden soll, so eignet er sich auch als Einstieg in eine konkrete Diskussion über die Todesstrafe.
Die Gliederungspunkte zum Nachdenken können noch mit konkreten Zahlen gefüllt werden. Ich habe hier bewusst darauf verzichtet, da – je nach Quelle – die Angaben stark variieren.

Der elektrische Stuhl (Folie) (S. 69)

Diese Folie zeigt einen Häftling, der kurz vor seiner Hinrichtung an den elektrischen Stuhl geschnallt wird. Darunter befindet sich ein kurzer Informationstext, wie diese Hinrichtungsmethode abläuft.
Diese Hinrichtungsmethode ist sehr brutal und hat in vielen Fällen (gerade in der Zeit, in der der elektrische Stuhl eingeführt wurde) versagt, sodass die Delinquenten grausame Schmerzen erleiden mussten oder bestialisch bei lebendigem Leibe von innen heraus verbrannten.

Die Position der katholischen und protestantischen Kirche (S. 70)

1. Katholische Kirche:
   Die Todesstrafe wird vollkommen abgelehnt, stattdessen müsse man gerechtere Strafformen wählen. Auch hier wird das menschliche Leben als universaler Wert festgesetzt, über den kein anderer Wert erhoben werden dürfe. Weiter wird ausgeführt, dass jedem Menschen die Möglichkeit gewährt werden soll, für seine Taten Reue zu empfinden, was bei einer hingerichteten Person nur schlechthin möglich ist.
   Es wird positiv festgestellt, dass man sich weltweit zumindest in die richtige Richtung bewege, nämlich weg von der Todesstrafe.

Protestantische Kirche:
Die evangelische Kirche wendet sich komplett gegen die Todesstrafe, denn der Wert des menschlichen Lebens wird durch Hinrichtungen relativiert und nicht mehr als das höchste Gut auf der Welt angesehen.

Vergleich:
Beide Kirchen nehmen dieselbe Position ein, indem sie sich gegen die Todesstrafe aussprechen. Beide Texte sind auch fast gleich alt (sechs Jahre Unterschied sind bei einer 2000-jährigen Geschichte nichts!), was aber nicht erklären kann, warum die Zahlen der beiden Texte derartig schwanken. Im Text der EKD werden 84 Länder erwähnt, in denen die Todesstrafe noch aktuell ist, die katholische Kirche erwähnt 141 Länder, also fast 60 Länder mehr.
Mir ist es hierbei leider nicht gelungen, diesen gravierenden Unterschied aufzuklären, dennoch tendiere ich eher dazu, den Zahlen der EKD Glauben zu schenken, da die Zahl von 141 Ländern heißen würde, dass es in über 2/3 der Länder auf dieser Erde noch die Todesstrafe gibt. Dies halte ich dann doch für übertrieben.

2. Hier kann auf das einleitende Arbeitsblatt verwiesen werden, auf welchem sich Denkanstöße zum Thema Todesstrafe finden. Aus diesen Denkanstößen lassen sich fast gleichlautende Argumente gegen die Todesstrafe ableiten. Der Einfachheit halber sind hier die Denkanstöße noch einmal aufgelistet:
   - Wie kann endgültig verhindert werden, dass Unschuldige hingerichtet werden?
   - Die Kosten für das Vollstrecken eines Todesurteils sind, z. B. in den USA, insgesamt höher als eine lebenslange Haft. Das liegt an hohen Verfahrenskosten und daran, dass ein verurteilter Verbrecher noch viele Jahre auf seine Hinrichtung warten muss.
   - Es gibt keine Hinrichtungsart, die nachgewiesenermaßen schmerzfrei ist. Möglicherweise müssen die Hingerichteten qualvoll leiden.
   - Zu den Menschenrechten zählt auch das Recht auf Unversehrtheit und das Recht auf Leben. Warum bekommt ein Schwerverbrecher seine Menschlichkeit abgesprochen? Bleibt er nicht – trotz schlimmer Vergehen – ein Mensch?

3. Abschließend sollen die Schüler ihre eigene Meinung zur Position der christlichen Kirchen finden und diese begründet darstellen. Es bietet sich an, dies in einer Art Podiumsdiskussion im Kurs/in der Klasse zu tun. Die Position der christlichen Kirchen dient dann als eine Art „Aufhänger“, um sich selbst in der Argumentation besser positionieren zu können.

Die Position des Judentums (S. 71)

1. In der Thora wird die Todesstrafe erwähnt und z.T. auch gefordert. Man darf also davon ausgehen, dass sie in der alttestamentlichen Zeit auch vollstreckt wurde.
   Im Laufe der Zeit kam man davon ab, die Todesstrafe zu vollstrecken. Einerseits, weil es ein kompliziertes Verfahren war, jemanden zum Tode zu verurteilen, und andererseits, weil auch die Anforderungen an ein solches Urteil immens hoch waren.
   Im modernen Israel wird die Todesstrafe nicht ausgesprochen. Wenige Ausnahmen gab es in der (erweiterten) Nachkriegszeit des Zweiten Weltkrieges, um gegen Nazis, die sich am Genozid gegen die Juden beteiligten, vorzugehen.

2. Modern formuliert, bedeutet diese Bibelstelle nichts anderes, als dass man eine Tat mit Gleichem vergelten soll.
   - Mögliche Vorteile:
     - Der Täter weiß genau, welche Bestrafung auf ihn zukommt, da er diese Tat seinem Opfer auch zugefügt hat.
     - Es wird verhindert, dass ein Täter über Gebühr bestraft wird und in die Bestrafung übermäßiger Hass einfließt, da der Bestrafung auch eine Grenze gesetzt ist.
     - Es erzeugt ein gewisses Gefühl der Gerechtigkeit, wenn ein Täter genau das spürt, was sein Opfer auch erleiden musste.
   - Mögliche Nachteile:
     - Es hilft niemandem, wenn man einen Täter für seine Straftat möglicherweise verstümmelt.
     - Dieses Gebot lässt keinen Raum für Verzeihung und Reue, sondern es wird möglicherweise das sog. „Erbsenzählen“ gefördert.

3. Adolf Eichmann
   Eichmann, der von 1906–1962 lebte, war unter den Nazis als SS-Obersturmbannführer tätig und leitete das Eichmann-Referat, das die Vertreibung und Deportation der Juden organisierte. Somit war er indirekt an der Ermordung von schätzungsweise sechs Millionen Menschen beteiligt. Nach dem Krieg geriet er unter falschem Namen und falschem Rang in US-Kriegsgefangenschaft. Er nutzte alte Kontakt, um falsche Dokumente und Empfehlungsschreiben zu erhalten, die es ihm ermöglichten, einige Zeit weiterhin in Deutschland zu leben, bis er 1950 nach Argentinien auswanderte, wie viele Nazis vor und nach ihm auch.
   Durch einen Zufall wird der jüdische Geheimdienst auf Eichmann aufmerksam. Am 11. Mai 1960 wird Eichmann in Buenos Aires verhaftet und nach Israel gebracht. 1961 spricht das Gericht das Todesurteil über Eichmann aus. Dieser behauptete während des kompletten Prozesses, dass er im juristischen Sinne unschuldig sei und nur Befehle ausgeführt habe. Am 31. Mai 1962 wird Eichmann hingerichtet, sein Leichnam verbrannt. Bis heute ist Eichmann der einzige Mensch, der von der israelitischen Justiz hingerichtet wurde.

   Nach der Recherche über Eichmann sollen die Schüler begründet dazu Stellung beziehen, ob sie in diesem Falle die Todesstrafe für gerechtfertigt halten. Es ist eine kontroverse Diskussion zu erwarten.

Die Position des Islam (S. 72)

1. Es gibt einige wenige Straftaten, auf die nach islamischem Recht die Todesstrafe steht. Dazu zählen Unzucht, bewaffneter Straßenraub mit Todesfolge, Kreuzigung beim Abfall vom Islam, in manchen Fällen auch Konsum und Verbreitung von Drogen.
   Mit Ausnahme dieser Fälle wendet sich der Islam von der Todesstrafe ab.
   Als Hürde, die Todesstrafe nicht leichtfertig zu verhängen, werden mehrere Zeugen benötigt, die die Vergehen unabhängig voneinander bestätigen können.

2. Konkret kann man dies bei der Einstellung in Bezug auf Drogen finden: Einige Rechtsgelehrte finden den Besitz von Drogen so schlimm, dass sie daraufhin die Todesstrafe fordern, andere sehen dies „lockerer“.

Zur verschiedenartigen Auslegung:

- Mögliche Vorteile:
  - Insgesamt gesehen, kann es von Vorteil sein, alte Texte immer wieder neu auszulegen und somit an Entwicklungen und Errungenschaften anzupassen, das göttliche Gesetz sozusagen zu modernisieren.
  - In Bezug auf die Todesstrafe kann ich keine Vorteile erkennen, das göttliche Gesetz mehr oder weniger individuell auslegen zu können.
- Mögliche Nachteile:
  - Die Gesinnung des Gesetzes-Interpretators spielt mit Sicherheit eine große Rolle bei der Auslegung des Gesetzes.
  - Es kann zu Willkür führen, alte Gesetze in einem modernen Staat umsetzen zu wollen, da sie teilweise einfach nicht passen und sich auch kaum modernisieren lassen.
  - Es ist nicht möglich, Gesetze auf demokratischem Wege zu erlassen, da sie immer von göttlichen Gesetzen außer Kraft gesetzt werden können.

3. Hier kann natürlich nur eine kleine Auswahl aufgezählt werden:
   Ägypten, Afghanistan, Bahrain, Irak, Iran, Jemen, Kuwait, Vereinigte Arabische Emirate, Syrien, ...
   Es ließen sich zahlreiche weitere Länder finden.
   Der Vollständigkeit halber sei hier erwähnt, dass auch christlich geprägte Staaten, wie z. B. die USA, die Todesstrafe verhängen und auch vollstrecken. Es soll also nicht der Eindruck erweckt werden, die Todesstrafe sei ein rein islamisches Phänomen.

   Zu diesem Ergebnis sollen die Schüler begründet Stellung beziehen. Im Idealfall werden sie erkennen, dass die Todesstrafe keinesfalls nur in muslimischen Staaten aktuell ist, sondern dass auch andere Länder, in denen der Islam nicht stark verbreitet ist oder die gar keinen Bezug zur Religion haben, die Todesstrafe vollstrecken lassen.

Todesstrafe – das Für und Wider

So unvorstellbar es in unseren Ohren auch klingen mag – in vielen Ländern dieser Erde werden Menschen tagtäglich wegen verschiedener Vergehen zum Tode verurteilt. Auch in Ländern, die sich offiziell stark für die Menschenrechte einsetzen.

Aber aus welchen Gründen nimmt sich ein Staat das Recht, seine Bürger in speziellen Fällen mit dem Tode zu bestrafen?
Gemeinhin werden hier vier Begründungen angeführt:

❶ Als gerechte Vergeltung für die schwersten Verbrechen
Hier spielt der Gedanke „Auge um Auge, Zahn um Zahn" eine Rolle. In vielen (oft antiken) Gesellschaften lässt sich dieses Gedankengut finden. Man denke an den entsprechenden Ausspruch in der Bibel (Ex 21,23–25) oder an das römische Recht, welches es sogar Privatleuten erlaubte, Verbrecher unter gewissen Voraussetzungen zu töten.

❷ Als Schutz der Allgemeinheit vor dem Täter
Es gibt – nach Meinung vieler Menschen – keinen besseren Schutz vor einem Schwerverbrecher als den, ihn endgültig zu beseitigen. Damit verhindert man Ausbrüche und Rückfälle nach einer möglichen Entlassung – und vor allem nimmt man der Bevölkerung die Angst vor möglichen Rückfällen.

❸ Als Abschreckung möglicher anderer Verbrecher
Je härter die Strafe, desto höher auch der Respekt davor, eine solche Strafe zu erhalten. Setzt ein potenzieller Mörder wirklich freiwillig sein eigenes Leben aufs Spiel, um den Mord begehen zu können? Wird er nicht davor zurückschrecken müssen, wenn er an die möglichen Folgen denkt?

❹ Als Wille einer Bevölkerungsmehrheit
Viele Menschen befürworten die Todesstrafe, weil sie diese Strafform für die letzte Möglichkeit des Staates halten, Recht und Ordnung durchzusetzen. Man denke an die vielen Debatten in den USA, wenn in einzelnen Bundesstaaten darüber diskutiert wird, die Todesstrafe abzuschaffen.
Hierbei spielt zudem eine Rolle, dass es billiger sei, einen Gefangenen hinzurichten, als ihn lebenslänglich einzusperren. Damit komme diese Kostenersparnis allen zugute.

Bei diesen vier Begründungslinien bleiben aber genügend Punkte, die zum Nachdenken anregen:

- Wie kann endgültig verhindert werden, dass Unschuldige hingerichtet werden?
- Die Kosten für das Vollstrecken eines Todesurteils sind, z. B. in den USA, insgesamt höher als eine lebenslange Haft. Das liegt an hohen Verfahrenskosten und daran, dass ein verurteilter Verbrecher noch viele Jahre auf seine Hinrichtung warten muss.
- Es gibt keine Hinrichtungsart, die nachgewiesenermaßen schmerzfrei ist. Möglicherweise müssen die Hingerichteten qualvoll leiden.
- Zu den Menschenrechten zählt auch das Recht auf Unversehrtheit und das Recht auf Leben. Warum bekommt ein Schwerverbrecher seine Menschlichkeit abgesprochen? Bleibt er nicht – trotz schlimmer Vergehen – ein Mensch?

Der elektrische Stuhl

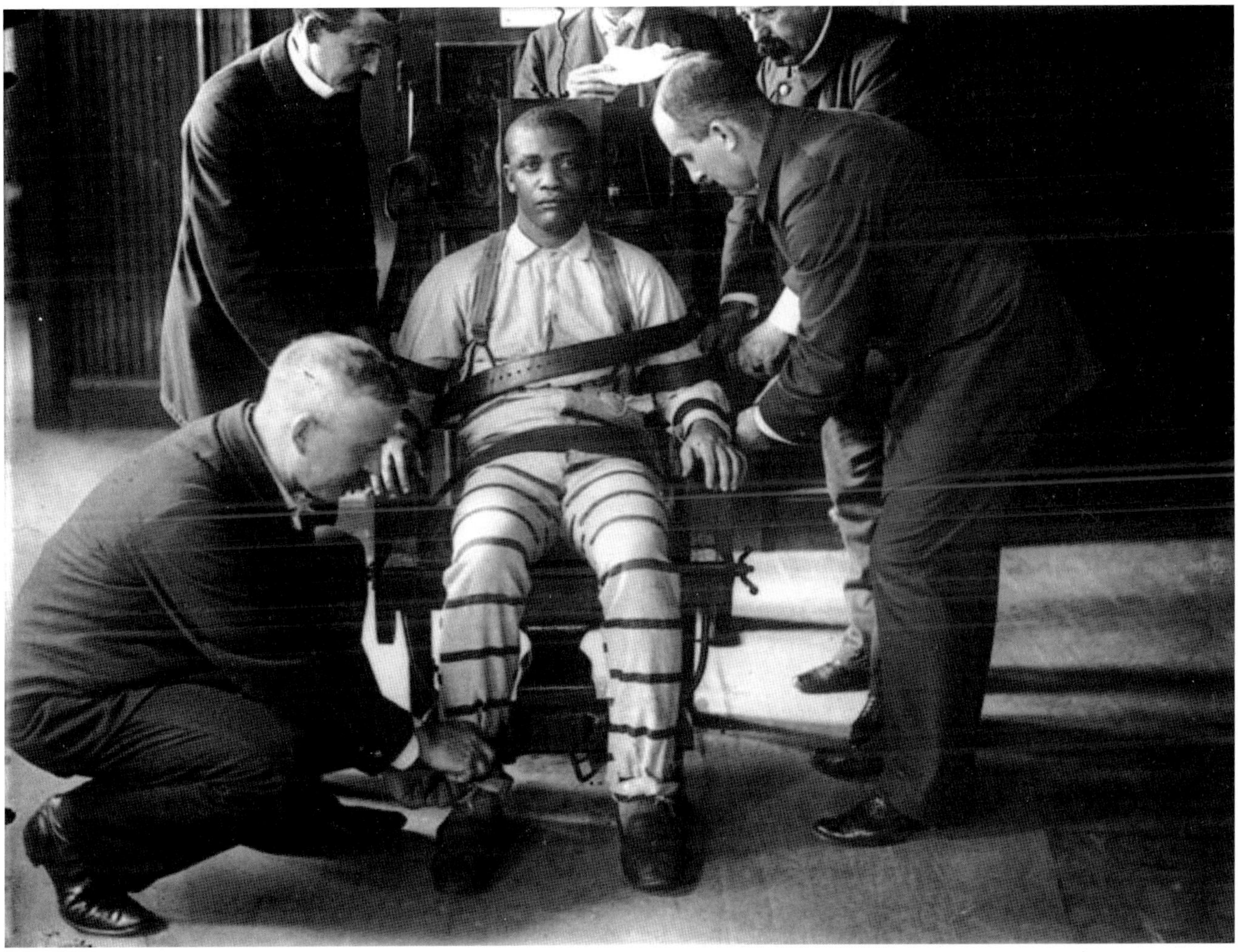

Ein Verurteilter wird mit Ledergurten an einen elektrischen Stuhl gefesselt.

Zum Ablauf:
Es werden elektrische Leitungen am Schädel und am Unterschenkel der Verurteilten befestigt. Wenn der Strom angeschaltet wird, fungiert der Körper als Verbindung zwischen den Leitungen. Bei Beginn des Stromflusses verkrampfen die Muskeln, der Körper zuckt und krampft unkontrollierbar. Nach etlichen Sekunden oder gar Minuten, in denen Strom geflossen ist, werden die Vitalzeichen des Hingerichteten überprüft. Schlägt das Herz noch, wird die Prozedur wiederholt und erneut Strom durch den Körper gejagt.

Für die Zuschauer ist diese Hinrichtung kein angenehmer Anblick: Oft entleeren sich Darm und Blase der Verurteilten, in manchen Fällen haben auch die Körper angefangen zu brennen.

Die Position der katholischen und protestantischen Kirche

Katholische Kirche

Vatikan/Italien: „Todesstrafe widerspricht Heiligkeit des Lebens“

Der Vatikan hat sein Nein zur Todesstrafe bekräftigt. Die Abschaffung sei ein notwendiger Schritt auf dem Weg zu einer wirksameren Justiz. Vielmehr müssten „gerechtere Strafformen“ gefunden werden. Das erklärte der Sekretär des Päpstlichen Rates für die Migrantenseelsorge bei einer internationalen Tagung zum Thema Todesstrafe in Rom, an der zahlreiche Justizminister aus aller Welt teilnahmen. Erzbischof Agostino Marchetto sprach als Vertreter des Heiligen Stuhls.

Marchetto betonte, dass die katholische Kirche den internationalen Kampf zur Abschaffung der Todesstrafe mit großer Zufriedenheit und Hoffnung betrachte. Die Heiligkeit des menschlichen Lebens, von der Empfängnis bis zum natürlichen Tod, sei ein universeller Wert. Das gelte auch für Schwerverbrecher, erklärte der Kurienerzbischof vor den versammelten Justizministern. Gleich welche Straftat jemand begangen habe – jeder müsse eine Chance zu Reue und Buße haben. Andererseits sei sich die Kirche aber auch bewusst, dass dieses Ziel nur schrittweise zu realisieren sei, so der Erzbischof. Das gelte besonders für Länder, wo die Todesstrafe zur Normalität gehöre. Dennoch sei auch in diesen Nationen die rechtliche Möglichkeit zum Aufschub der Hinrichtungen gegeben. Das seit Kurzem erreichte internationale Moratorium zur Todesstrafe sei ein erster Schritt in die richtige Richtung. Marchetto forderte die Justizminister daher auf, Verantwortung zu übernehmen und die Abschaffung der Todesstrafe durchzusetzen – und zwar als eine dauerhafte politische Errungenschaft. Weiter lobte er die zahlreichen afrikanischen Staaten, die ihre Rechtsprechung in dieser Hinsicht bereits modernisiert haben. Sie hätten, laut Marchetto, jenen 141 Ländern etwas voraus, in denen die Todesstrafe noch an der Tagesordnung sei. (rv)

Meldung des Radiosenders Radio Vatikan, 29.09.2008

Protestantische Kirche

Im Jahre 2002 veröffentlichte die Evangelische Kirche in Deutschland (EKD), dass sie weltweit die Abschaffung der Todesstrafe fordere. In 84 Ländern dieser Erde sei die Todesstrafe noch aktuell, was man aber als Christ nicht hinnehmen könne.

Es sei klar, dass man auch Terroristen nicht mit dem Tode bestrafen dürfe, denn dadurch werde ein falsches Zeichen gesetzt. Durch Hinrichtungen werde der Wert des menschlichen Lebens, das über allem stehe, relativiert. Allein Gott sei Herr über Leben und Tod, der Mensch dürfe sich nicht anmaßen, eine ebensolche Position einzunehmen.

Hintergrund der Erklärung ist die Tatsache, dass im Jahr 2001 nach EKD-Informationen mindestens 1526 Menschen hingerichtet wurden. Spitzenreiter bei der Vollstreckung der Todesstrafe waren China, die USA und der Iran.

1. Fasse die Positionen der katholischen und protestantischen Kirche zusammen und vergleiche sie!
2. Finde weitere Begründungen, welche die Positionen der beiden Konfessionen unterstützen!
3. Überlege dir, ob du den dargestellten Meinungen folgen kannst, und begründe deine Entscheidung!

Die Position des Judentums

An einigen Stellen der Thora (= 5 Bücher Mose) und dem Thalmud (= Kommentare vieler Rabbiner-Generationen zur Thora) finden sich Hinweise zur Todesstrafe:

Gen 9,5f.:
Wenn aber euer Blut vergossen wird, fordere ich Rechenschaft, und zwar für das Blut eines jeden von euch. Von jedem Tier fordere ich Rechenschaft und vom Menschen. Für das Leben des Menschen fordere ich Rechenschaft von jedem seiner Brüder.
Wer Menschenblut vergießt, dessen Blut wird durch Menschen vergossen. Denn: Als Abbild Gottes hat er den Menschen gemacht.

Deut 19,21:
Und du sollst in dir kein Mitleid aufsteigen lassen: Leben für Leben, Auge für Auge, Zahn für Zahn, Hand für Hand, Fuß für Fuß.

Für bestimmte Vergehen – wie z. B. Mord – wurde die Todesstrafe explizit gefordert:

Num 35,31:
Ihr sollt kein Sühnegeld annehmen für das Leben eines Mörders, der schuldig gesprochen und zum Tod verurteilt ist; denn er muss mit dem Tod bestraft werden.

Die Anforderungen, um einen Mord auch als solchen deklarieren und bestrafen zu dürfen, waren aber immens hoch, sodass es selten zur Ausführung der Todesstrafe kam und diese Strafform auch langsam abgeschafft wurde. Das kann man daran sehen, dass in der *Mischna* der Hinweis zu lesen ist, ein Gerichtshof sei mörderisch, wenn er innerhalb von sieben Jahren einmal ein Todesurteil fälle.

Im modernen Staat Israel gab es bis vor einigen Jahren nur wenige Möglichkeiten, die Todesstrafe zu verhängen. Sie richtete sich gegen Nazis und deren Kollaborateure sowie gegen Soldaten, die in Kriegszeiten Hochverrat begingen.
Grundsätzlich gilt aber die Einstellung, dass Juden nicht über das Leben anderer Juden verfügen sollen.

1. Beschreibe die Entwicklung der Todesstrafe im Judentum!
2. Finde Vor- und Nachteile für das in Deut 19,21 angedeutete Rechtssystem!
3. Erkundige dich in Lexika, Geschichtsbüchern und/oder im Internet über Adolf Eichmann, der 1962 in Israel hingerichtet wurde! Nimm dazu Stellung, ob du in diesem Falle die Todesstrafe für gerechtfertigt hältst!

Die Position des Islam

Auch in anderen religiösen Schriften als der Bibel und der Thora existiert die Todesstrafe: Im **Koran** werden **Delikte** aufgezählt, die **mit dem Tode bestraft** werden können (nicht müssen!). Dazu zählen Steinigung für eheliche Unzucht, Hinrichtung für bewaffneten Straßenraub mit Todesfolge und die Kreuzigung beim Abfall vom Islam. Begründet wird die Möglichkeit, bei diesen Vergehen die Todesstrafe zu verhängen, damit, dass es sich um Rechte Gottes handele. Mit der begangenen Tat alleine ist eine Exekution allerdings noch nicht möglich. Die jeweilige Tat gilt nur als bewiesen, wenn sie von mindestens zwei untadeligen Zeugen bestätigt werden kann. Im Falle der ehelichen Unzucht benötigt man derer sogar vier.

Kann die Tat nicht auf diese Weise bewiesen werden, so muss sie vom Richter mit einer harmloseren Strafe geahndet werden. Die Tötung eines Menschen gehört – nach dem oben stehenden Katalog – nicht zur Kategorie der mit dem Tode zu bestrafenden Vergehen. Neben diesen, direkt aus dem Koran ablesbaren todeswürdigen Vergehen, gibt es – je nach Interpretator – **weitere Kapitalverbrechen**: In verschiedenen islamisch geprägten Ländern (dazu gehören Ägypten und Saudi-Arabien) ist es beispielsweise bei Todesstrafe verboten, Rauschgift zu verabreichen oder zu vertreiben. Gerechtfertigt wird dies mit dem Verweis auf Sure 5, Vers 90f., wo zu lesen steht, dass Wein Teufelswerk sei. Nach Mohammed gilt: Alles, was den Geist und den Verstand trübt, ist berauschend, und alles, was berauschend wirkt, ist sündhaft und verboten.

Zusammenfassend steht der Islam aber nicht für eine Religion, welche die Todesstrafe propagiert, sondern der Islam bejaht das Leben und sieht die Todesstrafe i. d. R. als eine Ausnahme, die nur unter schärfsten Bedingungen ausgesprochen und vollstreckt werden darf.

1. Fasse die Position des Islam zur Todesstrafe mit eigenen Worten zusammen!
2. Überlege, welche Vor- und Nachteile es haben kann, wenn das göttliche Gesetz verschieden interpretiert werden kann!
3. Recherchiere, ob es weitere Staaten mit dem Islam als kulturelle Grundlage gibt, die die Todesstrafe aussprechen und vollstrecken! Nimm dazu begründet Stellung!

Textquellenverzeichnis

Vorbemerkung:

- Die Texte der päpstlichen Enzykliken sind der offiziellen Website des Vatikans entnommen.
- Die Texte des Korans entstammen der Seite www.koran.de, betrieben vom Zentralrat der Muslime in Deutschland.
- Die Übersetzung von Koranstellen stammt von: http://islam.de/13827.php?sura=2
- Das in Klammern angegebene Datum bezeichnet das Abrufdatum der jeweiligen Website.

1. Empfängnisverhütung

Text 1 (Übersicht)
Zu den einzelnen Verhütungsmethoden: vgl. entsprechendes Schlagwort unter www.wikipedia.de (17.10.10)

Text 2 (kath. Kirche)
Enzyklika „Humanae vitae", Nr. 16 (30.6.10)

Text 3 (prot. Kirche)
Siehe „Rolle der Frau in der EKD", Brüssel, 10. September 2004
http://www.ekd.de/bevollmaechtigter/stellungnahmen/52400.html (30.6.10)

2. Pränatale Diagnostik

Text 2 (kath. Kirche)
Enzyklika „Evangelium vitae", Nr. 63 (6.7.10)
Die deutschen Bischöfe: Der Mensch, sein eigener Schöpfer?, Bonn, 2001, S. 7–9.

Text 3 (kath. und prot. Kirche)
Wie viel Wissen tut uns gut?,
siehe http://www.ekd.de/EKD-Texte/wissen_leben97_diagnostik.html (6.7.10)

Text 4 (Judentum)
Informationen aus:
http://www.jewishvirtuallibrary.org/jsource/Judaism/Embryo.html (30.12.10)
http://www.juedische-allgemeine.de/article/view/id/9330 (30.12.10)

Text 5 (Islam)
Informationen aus:
http://www.kultur-gesundheit.de/medizin_und_bioethische_themen/lebensbeginn/praenataldiagnostik.php (30.12.10)

3. Abtreibung

Einleitung:
www.wikipedia.de, vgl. Stichwort: Schwangerschaftskonfliktberatung (2.1.11)

Text 2 (rechtliche Grundlagen)
§218 StGB, siehe: http://bundesrecht.juris.de/stgb/_218.html (7.7.10)
§218a StGB, siehe: http://bundesrecht.juris.de/stgb/_218a.html (7.7.10)

Text 3 (kath. Kirche)
Gaudium et Spes 51,
siehe: http://www.vatican.va/archive/hist_councils/ii_vatican_council/documents/vat-ii_const_19651207_gaudium-et-spes_ge.html (7.7.10)
Enzyklika „Evangelium vitae" 61, siehe: http://www.vatican.va/edocs/DEU0073/_PN.HTM (7.7.10)

Text 4 (prot. Kirche)
Hermann Barth: Fürsprecher des Lebens sein (Vortrag von 2001),
siehe: http://www.ekd.de/vortraege/6470.html (7.7.10)

Text 6 (Islam)
http://islam.de/1641.php (8.7.10)

4. Ehescheidung

Text 1 und 2 (Zahlen zur Eheschließung und Scheidung)
Statistisches Bundesamt Deutschland,
siehe: http://www.destatis.de/jetspeed/portal/cms/Sites/destatis/Internet/DE/Content/Statistiken/Zeitreihen/LangeReihen/Bevoelkerung/Content75/lrbev06a,templateId=renderPrint.psml (13.9.10)

Text 3 (kath. Kirche)
Informationen aus:
http://kirchensite.de/index.php?myELEMENT=4666 (21.9.10)
http://kirchensite.de/index.php?myELEMENT=116056 (21.9.10)
Katechismus der katholischen Kirche, Nr. 1650; 2382; 2385.

Text 4 (prot. Kirche)
http://www.ekd.de/EKD-Texte/zusammenleben_1998_verantwortung4.html (21.9.10)

Text 5 (Judentum)
Heinrich Simon: Leben im Judentum. Persönliche Feste und denkwürdige Tage, hrsg. von Hermann Simon, Hentrich & Hentrich Verlag, Berlin 2004 (Jüdische Miniaturen Bd. 8), S. 24 f.

Text 6 (Islam)
Informationen aus:
http://www.islamisches-zentrum-muenchen.de/html/islam_frau_und_familie.html#11 (26.9.10)
Sure: 4:35: http://islam.de/13827.php?sura=4 (29.9.10)
Sure 2:226-232: http://islam.de/13827.php?sura=2 (26.9.10)
Sure 65: http:/islam.de/13827.php?sura=65 (26.9.10)

5. Sterbehilfe

Einleitung
Informationen aus:
http://de.wikipedia.org/wiki/Hospiz (3.1.11)

Text 1 (Definition)
Deutsches Referenzzentrum für Ethik in den Biowissenschaften, www.drze.de „Sterbehilfe“, unter: http://www.drze.de/im-blickpunkt/sterbehilfe (3.10.10)
Informationen aus: http://www.drze.de/im-blickpunkt/sterbehilfe/einfuehrung-und-grundlegende-begriffliche-unterscheidungen (11.12.13)

Text 2 (Folie)
Quellen für Umfrage: http://www.ifd-allensbach.de/news/prd_0814.html (12.10.10)
Grafiken: selbst erstellt

Text 3 (kath. Kirche)
Kongregation für die Glaubenslehre: Erklärung zur Euthanasie:
http://www.vatican.va/roman_curia/congregations/cfaith/documents/rc_con_cfaith_doc_19800505_euthanasia_ge.html (16.10.10)

Text 4 (prot. Kirche)
Veröffentlichung der Pressestelle der EKD:
http://www.ekd.de/gesellschaft/pm137_2004_rv_kommentar_azm_sterbehilfe.html (14.10.10)

Text 5 (Judentum)
Immanuel Jakobovitz, Medizin und Ethik im Judentum, in: Begegnungen mit dem Judentum, hrsg. von Bernhard Rübenach © KREUZ VERLAG in der Verlag Herder GmbH, Stuttgart, 1981, S. 186.

Text 6 (Islam)
http://islam.de/1641.php (25.10.10)
Informationen aus: http://www.patientenverfuegung.de/node/3717 (30.12.10)

6. Organspende

Text 1 (Einleitung)
Informationen aus: http://www.organspende-info.de/ (4.1.11)

Text 2 (kath. Kirche)
Informationen aus:
http://www.bistummainz.de/bistum/bistum/kardinal/texte/texte_2005/organspende.html (4.1.11)

Text 3 (prot. Kirche)
Informationen aus: http://www.ekd.de/vortraege/huber/vortraege_huber_010911.html (4.1.11)

Text 4 (Judentum)
Informationen aus: http://www.hagalil.com/judentum/rabbi/fh-0801-3.htm (4.1.11)
Informationen aus: http://www.organspende-info.de/information/spende-und-transplantation/erfahrungen/religionen/ (4.1.11)

Text 5 (Islam)
Information aus: http://www.organspende-info.de/information/spende-und-transplantation/erfahrungen/religionen/ (4.1.11)

7. Todesstrafe

Text 1 (Zahlen und Fakten)
Ex 21,23-25.
Dieter Medicus, Todesstrafe, in: Der kleine Pauly, Bd. 5, München, 1979, Sp. 879.

Text 2 (kath. und prot. Kirche)
Meldung des Radiosenders Radio Vatikan, 29.09.2008, http://www.radiovaticana.org/tedesco/tedarchi/2008/September08/ted29.09.08.htm (27.12.10)
Informationen aus: http://www.ekd.de/aktuell_presse/news_2003_10_09_2_koppe_todesstrafe.html (27.12.10)

Text 3 (Judentum)
Gen 9,5f.
Deut 19,21.
Num 35,31.
Informationen aus:
http://www.juedisches-recht.de/lex_str_todesstrafe.php (28.12.10)
http://www.jewishvirtuallibrary.org/jsource/judaica/ejud_0002_0004_0_03929.html (28.12.10)
http://de.wikipedia.org/wiki/Adolf_Eichmann (4.1.11)

Text 4 (Islam)
Informationen aus:
http://www.swr.de/islam/lexikon/-/id=1550022/nid=1550022/did=1551948/1ks5ypi/index.html (28.12.10)
http://www.spiegel.de/spiegel/print/d-9209708.html (28.12.10)

Bildquellenverzeichnis

Kap 1. Empfängsniverhütung

a. Kondom
http://commons.wikimedia.org/wiki/File:Préservatif_enroulé.jpg?uselang=de

b. Antibabypille
http://commons.wikimedia.org/wiki/File:Antibabypille.jpg
© Matthew Bowden www.digitallyrefreshing.com

c. Fieberthermometer
http://commons.wikimedia.org/wiki/File:Fieberthermometer.jpg?uselang=de
© Daniel FR

d. Femidom
http://upload.wikimedia.org/wikipedia/commons/c/cf/Préservatif_féminin.jpg?uselang=de
© Ceridwen

Kap 2. Pränataldiagnostik

Ultraschall
http://commons.wikimedia.org/wiki/File:Aparelhodeultrassom.jpg?uselang=de
© Leval

Kap 6. Organspende

Organspendeausweis
http://de.wikipedia.org/wiki/Organspendeausweis
© Bundeszentrale für gesundheitliche Aufklärung (BZgA), Köln

Kap 7. Todesstrafe

Elektrischer Stuhl
http://commons.wikimedia.org/wiki/File:Electric_Chair_at_Sing_Sing-noborder.jpg

Okkultismus (occultus: verborgen, geheim) ist ein Thema, dem die Jugendlichen in der Regel viel Interesse entgegenbringen und unter Umständen sogar schon Erfahrung damit gesammelt haben.
Es werden in diesem Heft Materialien zu drei Bereichen geboten: Magie, Gläserrücken und Voodoo. Das Thema Magie dürfte seit dem Einsetzen der Harry-Potter-Manie jedem bekannt sein, auch das Gläserrücken ist eine zumindest vom Hörensagen her bekannte Praxis. Voodoo führt eher ein Nischendasein, allerdings haben viele Menschen schon einmal von Voodoo-Puppen gehört. Deshalb findet auch dieses Thema hier Erwähnung.

3.1 Magie (S. 45)

Hinweise

Die Episode ist frei erfunden, ähnliche Handlungen finden sich aber in jedem Harry-Potter-Buch. Um von der reinen Fiktion zum Faktenwissen zu kommen, befinden sich auf dem AB auch zwei Informationskästchen, welche den Unterschied zwischen weißer und schwarzer Magie aufzeigen.

Vorbereitung

Es ist keine besondere Vorbereitung notwendig.

Anleitung und Tipps

Die S. können die Arbeitsaufträge eigenständig erledigen.

Lösungen

AA 1 (Art der Zaubersprüche)

- Zauberspruch des Mannes: Richtet sich gegen Robert mit der Absicht, ihm einen Denkzettel zu verpassen, ihm also Schaden zuzufügen. Zweck ist eine Machtdemonstration oder Zurechtweisung. Die Sprache ist in Latein (oculos deleo: Ich zerstöre die Augen).
- Der Zauberspruch der Frau wählt ebenfalls Robert als Ziel. Zweck des Spruchs ist es, seine Augen zu reparieren („oculos reparo"). SIE wählt also einen nützlichen Spruch für ihre Zauberei. Die Zauberworte sind für die meisten Leser unverständlich, da auf Latein geschrieben. Zu Deutsch heißt der Satz: „Ich repariere die Augen."

AA 2 (Einordung der Zaubersprüche)

- Der Spruch des Zauberers gehört in die Kategorie „Schwarzer Zauber", da er Schaden (oder zumindest keinen Nutzen) anrichten möchte; der Zauber der Sitznachbarin ist als „Weißer Zauber" zu werten.

AA 3 (Zaubersprüche im wahren Leben)

- Eventuell sind typische Zaubersprüche zu erwarten, wie sie von Zauberkünstlern verwendet werden („Hokuspokus" etc.). Gewitzte S. erwähnen vielleicht die Wandlung in der kath. Kirche, bei der man auch durch das Sprechen der Wandlungsworte die Verwandlung von Brot und Wein in Leib und Blut erwartet.

AA 4 (Zauberer im Zirkus)

- Zauberkünstler verwenden keine Magie, sondern sie wenden Tricks an, um ihr Publikum zu täuschen und um es abzulenken, damit man unbemerkte Handgriffe durchführen kann. Die Zauberer in der Geschichte besitzen wirkliche Zauberkraft und täuschen ihr Publikum nicht.

3.2 Gläserrücken (S. 46–47)

Hinweise

Die Praxis des Gläserrückens ist bei vielen Menschen beliebt und sie stellt das Urbild des Okkultismus dar. Allerdings beruht diese Praxis – ebenso wie das Pendeln – auf reiner Physik. Auch hier wirkt der Carpenter-Effekt, der Signale des Hirns in Muskelbewegungen umsetzt. Der Unterschied zum Pendel besteht hier darin, dass sich mehrere Leute zusammentun, um diese Praxis umsetzen zu können. Deshalb wirkt der Effekt berauschender, da eine ganze Gruppe übereinstimmende Ergebnisse erzielt. Aber auch hier darf man beruhigt sein: Es wirkt keine geheime Macht, sondern die reine Physik!

Vorbereitung

Es ist vor der Durchführung des Experiments nötig, einige Utensilien bereitzustellen:

- Ein runder Tisch, der keinen allzu großen Durchmesser hat. Vier Personen, die sich um diesen Tisch setzen, sollten alle Flächen des Tischs berühren können.
- Ein stabiles Trinkglas (etwa 0,2 Liter)
- Kärtchen mit allen Buchstaben des Alphabets und den Zahlen (siehe Kopiervorlage)
- Vier Stühle
- Ein Raum, in dem der runde Tisch aufgestellt werden kann und in dem kaum Ablenkung herrscht.

Die Kärtchen mit den Buchstaben und Zahlen werden ausgeschnitten und gleichmäßig um den Tischrand verteilt, die Zeichen zeigen dabei nach innen. Die Karten mit „Ja“ und „Nein“ werden in die Mitte gelegt. Ebenfalls steht in der Mitte ein mit der Öffnung nach unten zeigendes Glas. Um den Tisch sind gleichmäßig verteilt die vier Stühle aufgestellt. Um diese Anordnung muss relativ viel Platz sein, niemand sollte sich direkt am Tisch aufhalten, um die Gruppe bei der Durchführung später nicht zu stören.

Anleitung und Tipps

Es werden vier S. ausgewählt, die das Experiment durchführen. Diese S. müssen sich beherrschen können und sollten nicht als die „Klassenclowns“ bekannt sein, da eine gewisse Konzentration dringend nötig ist. Weiterhin sollte sich der Rest der Klasse am Rande des Klassenzimmers aufhalten und absolute Stille wahren, sodass die Gruppe sich konzentrieren kann.

Wenn Stille eingekehrt ist und die Gruppe sich auf die Stühle gesetzt hat, legt jeder Gruppenteilnehmer den Zeigefinger einer Hand auf das Glas in der Mitte. Dann wird die Frage gestellt „Großer Geist, bist du anwesend?“. Diese Frage muss ggf. mehrfach gestellt werden. Wenn die Gruppe es geschafft hat, die notwendige Konzentration zu sammeln, wird das Glas sich bewegen und „Ja“ anzeigen. Diese Frage dient dazu, die Gruppe aufeinander einzustimmen.

Nun können verschiedene Fragen mit offenen Antworten gestellt werden, die wahrscheinlich auf durch das sich bewegende Glas beantwortet werden. Es bietet sich an, jedem Gruppenteilnehmer nahezulegen, sich vorher Fragen zu überlegen, die er stellen möchte. Nach dem Beantworten verschiedener Fragen bietet es sich an, das Gesehene und Erlebte zu besprechen. Und auch zu erfahren, wie es den Gruppenteilnehmern erging, ob sie sich das Geschehen erklären können.